BIBLIOTHÈQUES
DU MONDE

BIBLIOTHÈQUES DU MONDE

世界図書館遺産

壮麗なるクラシックライブラリー

23選

ギヨーム・ド・ロビエ［写真］

ジャック・ボセ［著］

遠藤ゆかり［訳］

創元社

BIBLIOTHÈQUES DU MONDE
BY
GUILLAUME DE LAUBIER
JACQUES BOSSER

© 2014, ÉDITIONS DE LA MARTINIÈRE, UNE MARQUE DE LA SOCIÉTÉ EDLM, PARIS.

JAPANESE TRANSLATION RIGTHS ARRANGED WITH LA MARTINIÈRE GROUPE, PARIS
THROUGH TUTTLE-MORI AGENCY, INC., TOKYO.

À SOPHIE,
À L'AMOUR PATIENT

謝辞

　ギヨーム・ド・ロビエは、図書館とその管理員たちに感謝の言葉を捧げる。守られた秘密の知の世界に写真家がやってくることで想定をこえた拘束を受けるであろうにもかかわらず、彼らは率直さと信頼をもって受けいれてくれた。この文学的な撮影の旅をともにしてくれたすべての人、とくにマルク・クンストレ、マリ＝クレール＆アメリー・ブランカエル、フランシーヌ・ヴォルメーズ、ローランス・シャヴァンヌ、マグダレーナ・バナシュにも感謝したい。また、フィガロ・マガジン誌、エル・デコラシオン誌、ポワン・ド・ヴュ誌にも感謝の意を表する。そして、長年にわたって助手を務めてくれているエリック・デルヴィル、ピエール＝ローラン・アーン、ジャン・チュルンビュル、ギヨーム・クセルヴの熱意と助力をここに称えたい。エルヴェ・ド・ラ・マルティニエールの配慮が行き届いたチームと、つねにプロフェッショナルな仕事をしてくれるセントラル・カラー現像所にも感謝する。

　シャック・ボセは、ヨーロッパとアメリカの図書館の館長、管理員、司書たちに感謝している。彼らは自分たちが図書館に対していだいている愛着を伝えると同時に、あたたかく受けいれてくれ、質問に答えてくれた。とくにフランス学士院図書館館長ミレイユ・バストゥロー、マザラン図書館館長クリスチャン・ペリグリー、上院図書館館長カトリーヌ・メニアル、コンデ美術館図書館の主任管理員エマニュエル・トゥーレ、オーストリア国立図書館のジャン＝ピエール・ヴェネの名前をここに挙げたい。もちろん、有能な資料整理係を務めてくれたジュディト・ルロワには、特別な感謝の気持ちを伝えたい。最初に原稿を読んで適切なアドバイスをくれたピエール・ジュオー、アンヌ・セロワ、キャロル・ダブレ、ラ・マルティニエール社のチーム全員にも感謝する。

目次

序文 8

オーストリア

ウィーン
オーストリア国立図書館 12

アドモント
ベネディクト会アドモント修道院図書館 22

ドイツ

ウルム
ヴィブリンゲン修道院図書館 32

メッテン
ベネディクト会メッテン修道院図書館 42

ワイマール
アンナ・アマリア公妃図書館 52

イタリア

ヴァチカン
ヴァチカン図書館 60

フィレンツェ
リッカルディアーナ図書館 74

フランス

パリ
マザラン図書館 82

パリ
フランス学士院図書館 90

パリ
上院図書館 98

シャンティイ
オマール公の図書室 110

スイス

ザンクト・ガレン
ザンクト・ガレン修道院図書館 122

イギリス

オックスフォード
ボドリアン図書館 136

ケンブリッジ
トリニティ・カレッジ、レン図書館 146

マンチェスター
ジョン・ライランズ図書館 156

アイルランド

ダブリン
トリニティ・カレッジ図書館 168

チェコ

プラハ
プラハ国立図書館 176

スペイン

サン・ロレンソ・デ・エル・エスコリアル
王立エル・エスコリアル修道院図書館 188

ポルトガル

マフラ
マフラ国立宮殿図書館 198

アメリカ合衆国

ボストン
ボストン・アシニアム 206

ワシントンD.C.
アメリカ議会図書館 216

ニューヨーク
ニューヨーク公共図書館 226

ロシア

サンクトペテルブルク
ロシア国立図書館 236

参考文献 247

序文

19世紀の著名な愛書家のひとり、オマール公の図書室の
肘掛け椅子（フランス、シャンティイ）

偉大なる図書館という良質な繭のなかで、何日ものあいだ、何時間も過ごしていると、この居心地のよい孤独がもたらしてくれるものを理解し、愛することができる。そのような状態になると、この孤独から離れることができず、いつまでも読書にふけって現実の世界に戻りたいという気持ちを失ってしまう。そうならない人は、本のなかに知識を見いだし、それを武器として使うようになる。

　図書館の歴史は、文字の登場とともにはじまったといえるだろう。なぜなら、文字を使うことで、命令や考えを伝達できるようになっただけではなく、それらを保管することが可能になったからである。前3000年代初頭にはすでに、メソポタミアのシュメールで、楔形文字の刻まれた粘土板が特別な部屋に収められていた。それらの粘土板は、木の棚の上に並べられることもあれば、かごや壺のなかに入れられることもあった。また、シリアのラス・シャムラにあった「図書館」（前2000年ころ）では、現在の図書館で使われている保管システムや階層化された分類方法に似たものが存在していたことがわかっている。さらにエジプトでは、前2500年ころの碑文に、パピルスの巻物を収めた「本の館」に書記がいたという記述がある。一方、古代ギリシアでは、前560年に僭主〔非合法的に権力を握った独裁者〕ペイシストラトスが最初の公共図書館を建てたといわれている。ギリシア語の本はパピルスに書かれたもので、当時の古代ギリシアには、本の市場、書店、写本を作成する工房、私設図書館や公共図書館が存在した。しかしヘレニズム時代の、さらには古代全般における世界最大の図書館は、エジプトのアレクサンドリア図書館である。アレクサンドリア図書館のほとんど伝説的といえるまでの絶大な威光は、建物が跡形もなく焼け落ちてしまったあとも長いあいだその輝きを失わなかった。この威光は、建物の豪華さに由来するものではない。知識を保管し普及するための施設が、ギリシア世界の広い範囲にも

ロシア国立図書館にある、フランス王ルイ14世が若いころに書いた文書（サンクトペテルブルク）

序文

たらした多大なる影響によるものである。地中海とイオニア海のいくつかの島々まで支配していたエジプト王プトレマイオス1世（一説によると、彼はマケドニア王アレクサンドロス3世の異母兄弟といわれている）は、首都アレクサンドリアをギリシア世界の中心地にしようと考えて、学術と文芸の女神ミューズ（ムーサ）に捧げた建物ムセイオンを建設した。ムセイオンでは、詩人、哲学者、学者、数学者、学生、神官たちが思索にふけったり、意見を交換したり、文章を書いたり、創作活動を行なった。彼らは、ムセイオンに付属する図書館も利用することができた。この図書館はまたたくまに発展し、すぐに20万巻もの巻物を所蔵するまでになった。その数は、おそらく2世紀末には70万に達していたと思われる。アレクサンドリア図書館が焼失した理由と年代には、諸説ある。前47年に焼けたという説、391年にローマ皇帝テオドシウス1世によって破壊されたという説、さらには640年にオスマン帝国軍に焼きはらわれたという説などである。2002年4月、かつての輝かしい神話をよみがえらせるべく、ユネスコの後援を受けて建設された新アレクサンドリア図書館が開館した。

　アレクサンドリア図書館の例でわかるように、人間がつくる建物はすべて、誕生して、生きて、死ぬ、有機体なのである。図書館は、利用者の役に立ち、大勢の人が来れば発展する。しかし、役に立たなくなれば影響力はしだいに弱まり、価値のある蔵書も、完全に忘れ去られるとまではいかなくとも、思想を専門とする歴史家たちにしか見向きもされなくなってしまう。11世紀以降、ヨーロッパで大発展をとげたのは、修道院の大規模な図書館である。それらの図書館は、長いあいだきわめて重要な知的拠点でありつづけた。そこでは教父たち〔初期キリスト教会で重要な著述を行なった人びと〕が書いたラテン語やギリシア語の文書だけではなく、ラテン語やギリシア語の哲学書やアラビア語の学術書も研究することができた。修道院図書館

はカトリック教会の権威を決定づけたが、宗教改革の時代に衰退し、その後の対抗宗教改革（反宗教改革）によって勢いを回復したものの、19世紀初頭にはほとんど姿を消した。そのあいだに、知的拠点は修道院から大学に移っていた。カトリック教会は中世末からヨーロッパで台頭していた人文主義や科学の動きに対抗し、啓蒙思想を拒絶した。そのような状況に直面した哲学者や学者や学生たちは、少しずつ教会と距離を置くようになったのである。17世紀以降、フランスの政治家マザランや神聖ローマ皇帝カール6世など、国王や諸侯や大臣たちは、自分たちの図書館を一般に開放しはじめた。また、イギリスのケンブリッジ、アイルランドのダブリン、ポルトガルのコインブラ、イタリアのボローニャなどで、宗教的権威（カトリック、プロテスタント、イギリス国教会）と関係を断った大学が、多額の費用をかけて立派な図書館を建設するようになる。19世紀になると、今度は国や自治体が、人間の知識のあらゆる分野を対象とした図書館をつくって公開しはじめた。現在も、各国の知的威信は、図書館ネットワークの充実度、利用者数、運営状態、デジタル化の度合いを基準として評価されている。いまや、広い意味での文化は、誰の手にも届くものとなったのである。

　本書で紹介する歴史的な大図書館はすべて、建設当初は選ばれた人たちのためのものだった。これらの図書館の建物と装飾が豪華なのは、部分的にはそのような理由による。当時のヨーロッパはまだ知的発展の途上にあり、大多数の人が読み書きができなかったことも、図書館が閉ざされた場所だったことを説明している。神聖ローマ皇帝カール6世は宮廷図書館をすべての人に開放して、同時代の人びとを驚かせた。とはいえ、この図書館でさえ、「無学なもの、使用人、怠惰なもの、おしゃべり、野次馬」は入ることができなかったのである。また、イギリスのケンブリッジにあるトリニティ・カレッジに建築

序文

家サー・クリストファー・レンが建てた図書館は、すばらしい研究施設だった。しかし当然この図書館は、トリニティ・カレッジの敷地内に入ることを許可されたイギリス貴族の子弟のためだけにつくられていた。このように、図書館は本の保管場所であると同時に、ひとつの文化を映しだす鏡でもあるといえる。

いまから50年後、図書館はどうなっているだろうか。世界各地で次々と制作され、たえず増えつづける本、定期刊行物、録音データ、写真、映画を受けいれるために、われわれはこれからもよりいっそう大きな建物を建てつづけることになるのか。実際には、デジタル化がこれまでの図書館に完全にとってかわる可能性が非常に高い。誰もが自分の国だけではなく、世界中のサーバにアクセスし、自宅がそのまま閲覧室となる日が来るだろう。何世紀ものあいだ、大勢の学生、研究者、作家、学者が図書館に集ってきたが、それも遠い昔の話になる。とはいえ、そのような輝かしい未来でも、ノスタルジーに満ちた図書館の扉が開かれることも、ときにはあるのではなかろうか。

そういうわけで、本書では世界の美しい23の図書館をとりあげる。これらの図書館をつくろうとした人たち、建てた人たち、装飾した人たちは、知識を保管し、伝達する必要があることを確信していた。図書館建設にたずさわった修道士、修道院長、国王、諸侯、大学人、パトロンたちはみな、西洋社会の知的大冒険に参加し、現在のわれわれをつくりあげているものに多大な貢献をしている。その点で、われわれは彼らに感謝し、彼らを敬う必要がある。

本に対する情熱を題材とした2冊の傑作(『やさしい狂気』と『忍耐と不屈の精神』)で知られるアメリカの作家ニコラス・バスベインズは、何世紀ものあいだつづいてきた図書館の活動がさまざまな出来事とつながって、ひとつの現実が目の前にあらわれる魅力について語っている。1995年に、彼はイギリスの官僚サムエル・ピープスの図書館目録で、1914年に出版されたある3巻本を探していた。その数年後、彼はたまたま行ったボストン・アシニアムで、地下の棚にその本が放置されているのを発見した。本は開かれた様子がなく、袋とじのページも切られていなかった。記録を見るかぎり、一度も貸し出されていないようだった。彼は思わず声をあげた。「いったい誰のために、この本を買ったのだろう。いまから85年も前に」。すると、司書はこういった。「バスベインズ先生。先生のために買ったのです」

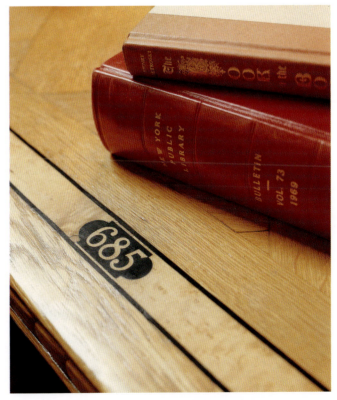

ニューヨーク公共図書館の壮麗な閲覧室「ローズ・メイン・リーディングルーム」の685番の座席(ニューヨーク)

BIBLIOTHÈQUE
NATIONALE D'AUTRICHE

オーストリア国立図書館

AUTRICHE, VIENNE

オーストリア
ウィーン

AUTRICHE, VIENNE

オーストリア ウィーン

　どの図書館もそれぞれの歴史をもち、愛好家たちに山ほどの新しい感動をもたらす。かつては宮廷図書館と呼ばれていたウィーンのオーストリア国立図書館は、比類なき壮麗さでわれわれを驚かせる。簡素な石畳のヨーゼフ広場は、3辺をホーフブルク宮殿という広大な宮殿の一部をなす高い建物でかこまれている。そのひとつは、アウグスティヌス修道院である。この建物と広場は、修道院に付属するアウグスティーナ教会の小さな入口でつながっている。もうひとつが国立図書館だが、堂々としているわりに外観はあまり見栄えがしない。壁面の装飾は特徴のないオーソドックスな連続模様で、均一に塗られた白い塗料の下に埋もれている。中央にある突出部の上には巨大な4頭立て2輪戦車の像が置かれ、見るものを威圧する。これはイタリアの彫刻家ロレンツォ・マティエッリの作品で、「無知」と「嫉妬」に勝利する知恵の女神ミネルヴァを表現したものである。入口を入ると、ホールとそれにつづく大広間がある。当初、この広間は乗馬学校だった。ホールには、ハプスブルク帝国の南の地方について語る古代の碑文が並べられた大階段がある。この階段をのぼると、プルンクザールというメインホールにいたる。パリのリシュリュー通りにあるフランス国立図書館の「ラブルーストの閲覧室」は、おそらくここよりもう少し広い。また、大英博物館図書室は見事な円形である点が、ここより目を引くかもしれない。しかし、プルンクザールはバロック様式のきらびやかな殿堂として、いまなおヨーロッパでもっとも強い印象をあたえる図書館でありつづけている。

　長年にわたり、ハプスブルク家はすぐれた写本や書物を収集してきた。オーストリア公アルブレヒト3世（在位1365〜95年）は愛書家で、見事な彩色装飾がほどこされた作品を所有していたことで知られている。フリードリヒ3世（在位1440〜93年）は、自分の本のすべてに「AEIOU」という謎の文字を記していた。この文字は、「オースト

リアは世界を支配する」という言葉の頭文字からとられたものと解釈するのが定説となっている。フリードリヒ3世はこの文字に、一族の夢と野望をこめていたのだろうか。彼の息子マクシミリアン1世も本をこよなく愛し、当時の著名な愛書家のひとりで自分の名づけ親だったベッサリオン枢機卿の蔵書の一部を受けついでいる。また、ブルゴーニュ公シャルルの娘でマクシミリアン1世の妻となったマリー・ド・ブルゴーニュによって、ブルゴーニュ公国とその領土の一部だったフランドルの傑作がもたらされた。しかし、それらの蔵書が多少とも整った形でまとめられたのは、宮廷図書館の最初の司書としてブロティウスが任命された1575年のことだった。ブロティウスは、自分がやるべき仕事の膨大さを知ったときのことをこうのべている。「まったく、この図書館のひどいありさまといったら……。なにもかもが、行き届いていないようだった。どこもかしこも汚れていて、作品は虫に食われて傷み、クモの巣におおわれていた」。豪華な蔵書を彼は数年かけて整理したが、そのあいだも購入や相続によって、作品の数はたえず増えていった。彼はまた、借りていった本を返さない利用者たちを、手厳しく批判している。しかし実際には、たとえば5年前に貸しだした本を返却するよう皇帝ルドルフ2世に催促するわけにはいかず、宮廷図書館の蔵書は贈答用のものではないと説明することもできなかった。ようやくその1世紀後、より見識のあるふたりの皇帝が、一国の宮廷図書館にすぎないものを世界最大級の図書館とすべく、本格的な計画を立て、それを実行に移した。計画を立てたのは学問と芸術を愛するレオポルト1世（在位1658〜1705年）で、実行に移したのは1711年から40年まで神聖ローマ皇帝だったカール6世である。

　1681年にレオポルト1世は、乗馬学校の上の階に図書館を建設することを決めた。ところがその後、オスマン帝国軍から2回目の大きな攻撃を受けて、ウィーンを包囲されてしまう。そのため、建設計画の実施はしかるべき日まで延期となった。しかるべき日が訪れた

BIBLIOTHÈQUE NATIONALE D'AUTRICHE

オーストリア国立図書館

のは、カール6世の治世下である。そのころオーストリアはオスマン帝国の脅威から解放され、ヨーロッパ内で新しい地位を築きはじめていた。その新しい地位にふさわしい図書館をつくることにしたカール6世は、この重要な仕事を著名な宮廷建築家ヨハン・ベルンハルト・フィッシャー・フォン・エルラッハ（1656～1723年）に任せることにした。ヨハン・ベルンハルトは仕事にとりかかってまもなくこの世を去るが、彼の息子ヨーゼフ・エマヌエルがその跡を継いだ。

宮廷図書館は、宗教建築物ではなく世俗の建物としてつくられた最初の大規模な図書館である。オーストリア随一のバロック建築として知られるこの建物は、大聖堂に匹敵するほど大きく、メインホールのプルンクザールは、奥行き77.7メートル、幅14.2メートル、高さ19.6メートルを誇る。大聖堂の「身廊」にあたる中央部分は楕円形に広がり、この空間だけは高さが29メートルあり、29.2×18メートルの丸天井が乗っている。楕円形のこの空間の両端には、2組のどっしりとした大理石の円柱が配置された。丸天井を支えているかのように見えるこの円柱を境に、ふたつの「翼」が伸びている。それぞれの翼は、「平和の翼」と「戦争の翼」と名づけられた。しかし、ヨーロッパを感嘆させたこのきらびやかな建物は、すぐに耐久性の問題に直面する。そこで、ウィーンのベルヴェデーレ宮殿を手がけた建築家ニコロ・パカッシが呼ばれて、補強工事が行なわれた。その結果、20万冊近い蔵書が、上下ふたつの階の本棚に、場所によっては2列に収められたのである。上の階には広い回廊がめぐらされた。下の階には4つの隠し扉のなかに階段がつくられ、そこから上の階にのぼることができるようになっている。この階段にも本棚があり、そこにも本が並べられた。下の階には車輪のついた脚立が、上の階には40ほどの垂直はしごが置かれているので、高い位置の棚にも手が届く。しかし、それらの機能本位な道具は少しばかり場違いで、この図書館の厳粛な雰囲気をわずかに乱しているように思われる。

当時のしきたりにしたがって、建築、フレスコ画、彫刻、実用的な設備は、それぞれ別の人物が担当した。それにもかかわらず、建物と装飾全体は高貴で威厳に満ちた調和がとれている。1730年に制作されたフレスコ画は、すでに複数の修道院における大がかりな装飾で名が知られていた画家ダニエル・グランの手によるものである。彼は、カール6世の顧問コンラート・アドルフ・フォン・アルブレヒトが作成した緻密な図像プランにもとづき、このフレスコ画を描いた。中心となる丸天井のフレスコ画は、多数の寓意や、芸術の保護者としてのイメージを自分にあたえようとしていた皇帝の気に入るような表現が、あふれんばかりに天につめこまれた構図となっている。たとえば、そこには次のようなものを見いだすことができる。本と戦利品にとりかこまれた「統治術」と「戦術」、「気前のよさ」と「豪華絢爛な嗜好」をともなった「オーストリアの寛大さ」、軍神マルスと火の神ウルカヌスを従えた「皇帝の毅然たる態度」、「学問の神」とともにある「感謝」、「図書館の建設命令」と「創意に富んだ発明」に支えられた図書館の模型、「無為」「無知」「不当な非難」といった学識の敵をおいはらい深淵に突き落とす「守護神」、などである。

カール6世自身の姿が、そのまま表現されている装飾もつくられた。プルンクザールの中央、ちょうど丸天井の真下に位置する彫像『ミューズを導くヘラクレス』がそれである。この彫像のまわりには、将軍たち、ハプスブルク家のメンバー、オーストリアの政治家たちの像が置かれた。それらの像とは別に、回廊とつながる階段の前には、カール6世の16人の先祖をモデルにした白大理石の像がそびえている。カール6世には、この図書館をどのようなものにすべきか、明確なビジョンがあった。彼は、自分がこの図書館に期待していることを、こう説明している。「利用者は料金を支払う必要がなく、豊かになってこの図書館から帰り、また何度でもここにやってくる」。しかし

AUTRICHE, VIENNE

オーストリア ウィーン

彼は、利用者が蔵書に書きこみをすることを警戒していた。そこで、すべての人に門戸を開くとしながらも、「無学なもの、使用人、怠惰なもの、おしゃべり、野次馬」だけは例外としたのである。こうしてウィーンの宮廷図書館は、ヨーロッパで最初の大規模な公共図書館のひとつとなった。

　現在のプルンクザールでは、本を読むことはできない。また、入館は有料である。このカール6世の大広間は、研究者たちだけが関心をもつような希少本が並ぶ一種の美術館となっている。完成当時にあった20万冊の貴重な書物に含まれていた、オイゲン・フォン・ザヴォイエンのコレクションはいまなおこの図書館にある。オイゲン・フォン・ザヴォイエンはフランスの政治家マザランの甥の息子にあたる人物だが、ハプスブルク家に仕えて一生を終えた。フランス王ルイ14世は彼を修道士にするつもりだったが、彼自身は軍人になることしか考えていなかったので、フランスを去ってオーストリアに活躍の場を求めたのである。愛書家だった彼は、ヨーロッパ全土に人脈があった著名な書籍商ピエール=ジャン・マリエットのおかげで、個人図書館に1万8000冊もの本を集めることができた。カール6世は18世紀にオイゲン・フォン・ザヴォイエンの蔵書を購入して、プルンクザールの丸天井の下の特別な場所に収めた。それらの本はすべてモロッコ革で製本され、表紙と背にオイゲン・フォン・ザヴォイエンの紋章が刻印されている。表紙の色は本の内容によって異なり、暗赤色は歴史学と文学、紺は神学と法学、黄色は自然科学である。また、この図書館の希少本のなかでもとくにめずらしい作品として、オランダの地図製作者ヨアン・ブラウ（1596〜1673年）の『大地図帳』全11巻、4世紀のローマ帝国の一種の道路地図である『ポイティンガー図』、フランス北西部を支配していたアンジュー公の豪華な彩色挿絵本『愛に燃える心の書』があげられる。

　宮廷図書館は、1918年にオーストリア国立図書館と名称を変更した。その後、さらに巨大な図書館となり、現在の蔵書は750万冊を数える。そのうち7866冊がインキュナブラ〔1500年以前の活版印刷本〕で、6万5821冊が写本である。増えつづける蔵書は、ホーフブルク宮殿を少しずつ侵食している。新宮殿とアウグスティヌス修道院の大部分が図書館として使われているほか、アルベルティーナ美術館や、ミヒャエル広場のまわりに弧を描くように建っている建物群までもが図書館の一部となっているのである。1992年には、さらに400万冊の本を収めるために、地下に新しい部屋がつくられた。カール6世、マリア・テレジア、フランツ・ヨーゼフ1世といったオーストリアの歴代君主たちは、彼らの宮殿が本に占拠され、本が宮殿のあるじ（または主人）になる日が来るとは、想像もしなかったにちがいない。

ダニエル・グラン（1694〜1757年）が手がけた、まばゆいばかりの詩的な天井。この図書館が建設された過程を寓意で表現した作品。中央に見えるのは、不滅を象徴するピラミッドを手にした「栄光」。その下には、カール6世の姿が刻まれたメダイヨン〔大型のメダル〕と、それを支えるヘラクレスとアポロンが描かれている。

ハプスブルク家の栄光をたたえる16の白大理石像が、室内に配置されている。左の像が、誰を表現したものかは不明。右は、レオポルト・ヴィルヘルム大公（1662年没）

右／閲覧室だったプルンクザールは、美術館のような空間に変わった。かつてはここで人びとが本を読んでいたが、現在は17世紀と18世紀の傑作といわれる地図が展示されている。

蔵書は、上下ふたつの階の本棚に収められている。あちらこちらに置かれた安定感のない脚立と華奢なはしごは、高い位置の棚に並んだ本をとるためのもの。隠し扉のなかに階段があり、そこから上の階にのぼることができる。

BIBLIOTHÈQUE DE L'ABBAYE
BÉNÉDICTINE D'ADMONT

ベネディクト会
アドモント修道院図書館

AUTRICHE, ADMONT

オーストリア
アドモント

AUTRICHE, ADMONT

オーストリア アドモント

ーストリア中北部の都市ザルツブルクからそれほど離れていないアドモントは、奇妙な形をした山々のふもとにあるシュタイアーマルク州のごく普通の小さな町である。1779年にコンスタンティン・ハウアーという旅行者が、1074年にこの町に建設されたベネディクト会アドモント修道院の評判を聞いて、そのなかの図書館を訪れた。彼は大広間の「芸術、センス、輝き」に感動し、この図書館をつくったマテウス・オフナー修道院長(1716〜79年)にこう思いをはせている。「ここを訪れた部外者は、最初の驚きが過ぎ去ると、この人物がどれほど多くの本を読み、ここまで本を愛するようになったのかを考えずにはいられない」

「本を愛する」という行為は、ただたんにオフナー修道院長の個人的な性格にもとづくものではなかった。ベネディクト会の創設者ヌルシアのベネディクトゥスは、『会則』のなかで読書の重要性を語っている。それによると、教訓と救いを得るために、修道士たちには聖なる書物〔聖書や教父たちの著作など〕を読み、それらに注釈を加える義務があった。ベネディクト会修道士にとって、「図書館のない修道院は武器庫のない要塞のようなもの」だったのである。そういうわけで、1074年の創設当初から、アドモント修道院はザルツブルクの修道院から運んできた本をわずかではあったが所有していた。その後まもなく写字室が設けられ、そこで写本の複製が制作され、彩色装飾がほどこされ、注釈が書きこまれるようになる。やがて、何人もの博学な修道院長によるすぐれた注釈が評判を呼び、アドモント修道院の名声はオーストリアじゅうに広まった。13世紀になると、エンゲルベルト修道院長が聖なる書物以外の一般的な本も図書館に並べるようになったが、それは当時としては非常に画期的な出来事だった。

11世紀には数十冊程度だった蔵書は、またたくまに増えていった。1370年に作成された蔵書の詳細目録は司書たちへのアドバイスが添えられたもので、図書館学における最初の理論的な作品のひとつとなっている。17世紀には、奥行き35メートルの大広間がつくられ、そこに扉のついた棚が備えられて本が収められた。この棚は、とくに貴重な写本を保管する場所として現在も使われている。アドモント修道院は、多くの寄贈や遺贈のほかに、創設以来所有していた広大な森林から利益を得ることで、大発展をとげた。この修道院は18世紀に、オーストリアで最大の宗教組織となった。そこでオフナー修道院長は、修道院の大規模な改良工事にとりかかることにした。工事の中心となるのは図書館で、この図書館は開館後、「世界の8番目の驚異」と呼ばれるようになる。

シュタイアーマルク州の州都グラーツで大理石の研磨工をしていたヨーゼフ・フーバー(1715〜87年)が、設計と建築を担当した。後期バロック様式を用いたこの図書館は、あきらかにウィーンの宮廷図書館(オーストリア国立図書館)から着想を得たもので、フーバーはそれを縮小した建物を建てた。そもそもフーバーは、ウィーンの宮廷図書館の建築家フィッシャー・フォン・エルラッハのもとで働いていたと考えられている。全体は奥行き70メートルで、中央の空間は高さ12.7メートルのところに丸天井がある。この中央の空間の両側に長方形の広間がつながり、それぞれの広間には高さ11.3メートルの丸天井が乗っている。上の階には全体に回廊がめぐらされ、鉄製の手すりに金色の装飾がほどこされた。この回廊をつくることで、本棚の面積は2倍になり、9万5000冊もの本を並べるという野心的な計画が実現したのである。上下ふたつの階には大きな窓が30個並び、そこから自然光がふんだんに入ってくる。これらの窓のあいだには、金色の彫刻がついた白く高い棚が設けられた。残りの部分、とくに天井と窓枠の側面には、フレスコ画が描かれている。床には、ひし形にカットされた茶色、薄紫、ベージュの大理石タイルが7500枚敷きつめられ、角度によってさまざまな模様に見えるのが魅力的

BIBLIOTHÈQUE DE L'ABBAYE BÉNÉDICTINE D'ADMONT

ベネディクト会アドモント修道院図書館

である。

この傑作が神の栄光をたたえるためにつくられたことは、技術的な面を見ていけばわかる。これは、それぞれの役割をはたしているひとつひとつの要素を包括した華麗な「全体芸術作品」なのである。バロック様式の装飾について、オーストリアの美術史家ヴィルヘルム・ムラゼクはこういっている。「寓意の原則のなかで、なにひとつ孤立して見えるものはない。いたるところに関連性があらわれ、そこから具体化されるすべての表現形式には象徴的な意味があり、自然と創造そのものは神を再現したものにすぎない」

まず目を引くのは、バロック様式の最後の偉大なフレスコ画家のひとりバルトロメオ・アルトモンテ（1701〜83年）による華やかな色彩のフレスコ画である。全体の図像プランは、知識の称賛がテーマとなっている。ひとつめの広間で表現されているのは、ローマ神話の曙の女神アウロラによる精神の目覚め、哲学、歴史学、法学で、ふたつめの広間に描かれているのは、神学、医学、美術、工芸、摂政政治の統治術である。このふたつの広間が通じる中央の空間は、神の啓示と知恵に割りあてられている。

彫像は、3つの種類にわけられる。実物大より大きな12の像が、それぞれの広間の四隅の高い位置に置かれた。ひとつめの広間にある像は、十戒が刻まれた石板をもった預言者モーセ、預言者エリヤ、鍵をもった聖ペトロ、剣を手にした聖パウロである。中央の広間には、神の英知、永遠の真理、学問、慎重さという4つの美徳を象徴する像が配置された。3つめの広間にあるのは、4人の福音書記者の像である。

中央の広間の丸天井の下には、ヨーゼフ・シュタンメルが1760年にブロンズと木で制作した4つの群像が置かれている。これらの群像は、「四終」を表現したものである。「四終」とは、人間の生活の最後に起こる事柄、つまり、「死」「最後の審判」「地獄」「天国」を指す。

ローマに滞在したことのある彫刻家によるバロック様式のこれらの群像は、その辛辣な力で見るものに訴えかける。たとえば「死」は、翼のついた骸骨につかまれた年老いた巡礼者の姿で描かれているが、この骸骨は巡礼者の心臓を短刀で突き刺そうとしているところである。巡礼者の顔には、彼がこれまで送ってきた人生と、一瞬のうちに奪われるその人生に関する深い問いかけが映しだされている。これらの像は、ほかのバロック様式の修道院で見られる明るく陽気で楽しい寓意の対極に位置する。ここを訪れる人びと、おもにベネディクト会修道士たちは、人間の運命に直面させられ、「宗教」だけが、「モーセ、エリヤ、ペトロ、パウロで象徴される天啓の宗教」だけが、「4人の福音書記者が伝える宗教」だけが、「4つの美徳のおかげで実践することができる宗教」だけが幸せな結果をもたらす、つまり楽園に導いてくれることを知るのである。そして最後に、棚とフレスコ画との調和をとるために大半が白い革で製本された本が収められ、テーマごとに並べられた。

当時入念になされたこのテーマごとの分類は、現在でもその多くがそのままにされている。19世紀と20世紀にあらたに入手した本が加わると、蔵書は14万5000冊以上になった。そのうち1400冊は写本、900冊はインキュナブラ〔1500年以前の活版印刷本〕である。残念なことに、とくにめずらしい希少本のいくつかは、1930年代に木材価格が暴落し、修道院が経済的危機に陥ったときに売却されている。また、1938年にオーストリアがナチス・ドイツに併合されると、修道士たちは追放され、蔵書の大部分がさまざまな施設に分散された。ドイツのダッハウ強制収容所までが、本の保管場所として使われたのである。現在、アドモント修道院はそれらの蔵書と、かつての栄光と、ヌルシアのベネディクトゥスの『会則』のもとでの修道院生活をとりもどした。歴史家ルイス・マンフォードは、アドモント修道院図書館はまさしく神の国のまえぶれをあらわした場所だといっている。

BIBLIOTHÈQUE DE L'ABBAYE BÉNÉDICTINE D'ADMONT

ベネディクト会アドモント修道院図書館

床には、ひし形にカットされた7500枚の大理石タイルが敷きつめられている。不思議な視覚効果を出しているこのデザインは、ドイツの天文学者で数学者のケプラーの幾何学論から着想を得たものかもしれない。

3種類の彫像のもう一種類は、金色に塗られた木でつくられた68の胸像で、持ち送り〔壁から張りだした部分を支えるための補強材〕を飾っている。それらの像は、哲学者、画家、詩人、8人のシビュラ〔古代の巫女〕、4つの大陸をあらわしたものである。

幸運にも、アドモント修道院図書館は、多くの修道院図書館が経験した数々の苦難や火災を免れてきた。オーストリアがドイツに併合されたあと、図書館は事実上ナチスに略奪されたが、のちに蔵書の大半をとりもどしたり、復元することに成功している。

アドモント修道院図書館は世界最大の修道院図書館であり、オーストリアとドイツのバロック様式の図書館のなかでも、その豪華さでとくに際だっている。

BIBLIOTHÈQUE
DU MONASTÈRE DE WIBLINGEN

ヴィブリンゲン 修道院図書館

ALLEMAGNE, ULM
ドイツ
ウルム

ALLEMAGNE, ULM
ドイツ ウルム

南ドイツ、ウルムの郊外に、イラー川とドナウ川の合流点がある。かつては美しい田園風景が広がっていたこの場所に、ヴィブリンゲン修道院のバラ色の建物が誇らしく建っている。この修道院は、シュヴァーベン〔ドイツ南西部の地域〕におけるベネディクト会の強大な修道院のひとつとして、大きな影響力をもっていた時期が何度かあった。1093年にキルシュベルク伯が建てたヴィブリンゲン修道院は、13世紀に最初の絶頂期をむかえたあと（修道院内の写字室はドイツ全域でよく知られていた）、長いあいだ危機を経験することになる。16世紀に神聖ローマ皇帝マクシミリアン1世が、金融業を営むフッガー家に世襲財産として売却すると、修道院はふたたび繁栄をとりもどした。その後、1701年にベネディクト会は修道院を買いもどし、1714年から大規模な再建計画に着手する。再建中の70年間は輝かしい時代だったが、19世紀初頭に聖職者の財産が没収された「世俗化」の大きな流れのなかで、没落と解体の憂き目にあった。現在、ヴィブリンゲン修道院の一部はウルム大学が所有している。これは、かなり望ましい状態だといえる。修道院図書館の入口には新約聖書中の一書「コロサイの信徒への手紙」の一節が刻まれているが、この言葉は高等教育機関の精神につながっているからである。「知恵と知識の宝はすべて、キリストの内に隠れています」（2章3節）

1740年に、教養の高さで知られていた修道院長マインラート・ハンベルガーは、新しい建物の建設を決めたが、このとき彼がどうしてもつくりたかったのが、2階建ての図書館だった。彼は、自分のもとにいる修道士たちに少しばかり失望していたのだろう。精神的指導者として「精神的・学問的な鍛錬をさせることで、修道士たちに、あらたな欲望、あらたな愛を目覚めさせたい」といっている。そのために彼はありとあらゆる手段を使おうと、建築にも装飾にも寓意や象徴をふんだんにとりいれた。その結果、遊び心のあるロココ様式〔バロッ

ク後期の一様式〕でつくられた途方もなく豪華なこの「全体芸術作品」は、祝宴の間のようになった（実際、祝宴の間としても使われていた）。ここは、客（本の閲覧者）が精神の力を受けとり、人間の知恵と神の啓示からなる知の祝宴に招かれる場所だった。

21世紀にここを訪れる人びととは、ぜいたくすぎるほどの黄金や大理石や彫像やフレスコ画を見て、誰もが驚くことだろう。ここでは威厳のある像の形で修道士の4つの美徳が説かれており、その美徳のひとつはこの世の富の放棄なのに、これほどのきらびやかさに戸惑わずにはいられないはずだからである。対抗宗教改革（反宗教改革）の成功によってカトリック教会の組織が立てなおされたという理由だけでは、この豪華さへの飽くなき探究を説明することはできない。また、オペラ『ばらの騎士』の舞台になりそうなこの華やかな空間と、同時代のローマやフランスで見られる厳めしい雰囲気のあるバロック様式との違いも大きすぎる。キーポイントは、歴史と経済である。ヴィブリンゲン修道院の絶頂期だった1750年は、当時神聖ローマ帝国内にあったドイツにおける高位聖職者たちの物質的な力が最高潮に達し、その力を誇示するための象徴となるものが求められていた時期と重なる。そのころ、多数の王国、大公国、公国などに分割されていたドイツで、修道院長たちは聖界諸侯として、国王や大公たちと権力を競っていた。その後、平和と繁栄の時代が訪れるが、1803年にレーゲンスブルクで帝国代表者会議主要決議が採択されると、聖職者の財産の大半が没収され、大司教、司教、修道院長は、聖界諸侯の身分を失った。同じ時期、戦場と化していたドイツでは、いくつかの修道院がフランス軍によって略奪されたり焼きはらわれ、フランス革命の思想が導入された。また、ローマ教皇の権威が著しく低下したこともあり、修道会はほぼ孤立無援となってしまったのである。同じころのオーストリアやスイス、もう少しあとのスペインやポルトガルと同様に、圧倒的な力をもった修道院は解体させられ、その

Bibliothèque du monastère de Wiblingen
ヴィブリンゲン修道院図書館

財産は差し押さえられたり分散させられた（同時に、力の弱すぎる修道院も同じ運命をたどった）。ヴィブリンゲン修道院図書館のような図書館は、絶対的な権力と富を誇る宗教建築物として、絶好のターゲットになったことだろう。

しかし、ハンベルガー修道院長が建築家クリスティアン・ヴィーデマンに建設を依頼したときは、まだこのような脅威は存在しなかった。ヴィブリンゲン修道院図書館の図面はきわめてシンプルで、23×11メートルの長方形である。全体は上下の階にわかれており、上の階は広い回廊となっていて、大理石を模した32本の円柱で支えられている。回廊にのぼるために、棚のうしろに隠されたふたつの階段がつくられた。回廊と円柱の存在感に圧倒されて、視線は自然と上に向く。細長く平たい丸天井は、フレスコ画で飾られている。強調された遠近法でさまざまな要素が描かれたこのフレスコ画を眺めていると、空高く、天国にのぼっていくような感覚がもたらされる。ここに描かれている要素はどれもがそれぞれの役割をもち、全体として哲学と神学が複合的に組みあわされた図像となっている。知識は天、すなわち神のもとへ導く、というのが、この図像のメッセージである。

マルティン・クーン（1719～71年）の作品であるこのフレスコ画には、彼の署名と1744年という日付が入っている。この若い画家は、ヴェネツィアで画家ピアッツェッタとティエポロのもとで学んだ際、彼ら特有の色彩に影響を受けたものと思われる。丸天井の中央をしめる大きなフレスコ画には手すりが描きこまれており、実際には存在しないのに、さらに上の回廊があるかのように思わせて、よりいっそう空間の高さを感じさせている。真ん中の一番よい場所には、天国にいる神の子羊を連れた女性が描かれているが、これは神の英知と知識を象徴したものである。一方、丸天井の周囲にも多くの絵が配置されたが、それらの絵のあいだには関連性がなく、それぞれの絵はその下に並んでいる本のジャンルと一致していた。それらの絵の

題材として、古代ギリシアの哲学者ディオゲネスと語りあうマケドニア王アレクサンドロス3世、ギリシア神話の神アポロンと9人のミューズ、ローマ皇帝アウグストゥスに追放された詩人オウィディウス、596年に宣教師たちをイギリスに派遣したローマ教皇グレゴリウス1世、1493年にベネディクト会修道士をアメリカに送ったスペイン王、などがあげられる。少し離れた場所には、なつめやしの木の下で異教徒たちに福音を宣べ伝えるベネディクト会修道士たちの姿も見える。

床には、回廊を支える円柱のあいだ、コントラストの効いた色彩の大理石の台座の上に、ドミニクス・ヘルメネギルド・ヘルベルガーが制作した8つの木像が配置された。華々しくきらめく色彩のなかで像を際だたせるために、彼らはそれを「磁器のごとく」磨き、白大理石像のように仕上げて、純金のアトリビュート〔人物を特定する目印〕と冠を添えた。これらの像のうち4つは、法学、自然科学、数学、歴史学という世俗の知識をそれぞれ具体化したものである。残りの4つの像は、服従、世俗の放棄、信仰、祈りという修道士の美徳を象徴している。これらの像には、南ドイツで長いあいだ支配的だったマニエリスム彫刻〔マニエリスムは、ルネサンスからバロックへの移行期にあたる美術様式〕の伝統が感じられる。

1757年に聖別されたとき〔聖別とは、聖なる使用にあてるために世俗的使用から区別すること〕、この図書館の蔵書は1万5000冊近くあった。しかし、1803年の「世俗化」で聖職者の財産が没収されると、蔵書のほとんどがドイツ南西部のシュトゥットガルトに移された。現在並んでいるのはわずか数百冊の古い書物だけで、その点では、ここがかつてシュヴァーベンにおけるベネディクト会のきわめて威厳ある修道院図書館のひとつだったことを想像するのは難しい。しかし、きらびやかな舞台装置はそのまま残されている。後期バロック様式の頂点を極めたこの図書館は、いまなお18世紀と同様に、その豪華絢爛な姿でわれわれの目と精神を刺激してくるのである。

 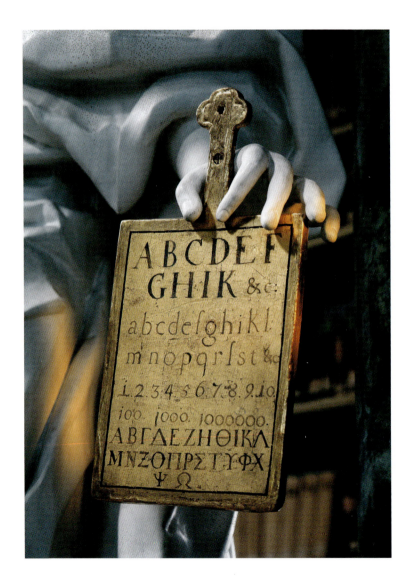

装飾のなかには、ドミニクス・ヘルメネギルド・ヘルベルガーが制作した実物大より大きな8つの木像がある。この像は、「数学」を具体化したもの。

「歴史学」を具体化した像。片足は、金貨があふれ出る豊穣の角を踏んでいる。像の足元にいるのは、ギリシア神話の時間の神クロノス。

「自然科学」の寓意像。

右／回廊の突出部の下にはローマ教皇グレゴリウス1世が、天井には楽園のアダムとエバが描かれている。フレスコ画はすべて、フランツ・マルタン・クエンツの作品である。彼は25歳の若さで、ヴィブリンゲン修道院図書館のプロジェクトに加わった。

40〜41ページ／バロック様式の「聖なる祝宴の間」というコンセプトにもとづいてつくられたヴィブリンゲン修道院図書館。

BIBLIOTHÈQUE DE L'ABBAYE
BÉNÉDICTINE DE METTEN

ベネディクト会
メッテン修道院図書館

ALLEMAGNE, METTEN
ドイツ
メッテン

ALLEMAGNE. METTEN

ドイツ メッテン

ドナウ川の上流にある緑の谷のなか、バイエルンの森のはずれに位置するメッテンに、ベネディクト会のザンクト・ミヒャエル修道院（以下、メッテン修道院）が建っている。それは広大な白い建物で、おだやかな田園風景に浮かびあがっているが、これまでずっと平和な状態にあったわけではない。766年に福者〔聖人につぐ崇敬の対象となる人〕ガメルベルト・フォン・ミヒャエルブーフが創設したこの修道院は、792年に当時西ヨーロッパのほぼ全域を支配していたフランク王国の王カール1世の保護を受けるようになった。それと同時に、バイエルンの森や東の辺境地帯の開墾や土地開発など、修道院外での役割をはたすために必要な特権も得る。世俗の君主たちは、自分たちの勢力を拡大するひとつの方法として、封建的な構造に収まりきらない社会の管理を力のある修道院に任せていた。修道院側は、君主たちの寛大さの度合いに応じて利益を得たり失うことになったため、その歴史は安定したものではなかった。メッテン修道院は急速に発展したが、1236年の火災で全壊する。その後、1246年に当時バイエルンを統治していたヴィッテルスバッハ家の勢力下に入るが、宗教改革の時代に衰退の一途をたどり、17世紀初頭に再び勢いをとりもどしたあと、三十年戦争の末期に再建された。ロマン・メルクル修道院長が修道院内の教会と大広間と図書館をバロック様式で装飾させたのは、この時期である。19世紀初頭には、新しい政治情勢の影響を受けてその役割を制限された多くの修道院が「世俗化」されたが、メッテン修道院も例外ではなかった。

しかしその数年後、バイエルン王ルートヴィヒ1世はメッテン修道院の地位をとりもどし、国内でもっとも重要なベネディクト会修道院にすることを決めた。その条件として、彼は修道院に教育の役割を引きうけさせる。1837年に神学校と学校をつくった修道院は、ベネディクト会再生のために積極的な役割をはたすようになった。たとえば、アメリカ初のベネディクト会修道院をつくるために、修道士のボニファ

ス・ヴィマーが派遣されたが、ペンシルベニア州のラットローブに彼が設立した修道院は、いまなお存在する。

メッテン修道院図書館の扉を開けると、そこにはコンピュータグラフィックスでつくられたような世界が広がっている。足を踏みいれると、まるでデジタル空間を散歩しているかのような気分になる。ここが現実の場所だということはわかっていても、全体の調和や比率、過剰なほどの芸術的効果、ごくささいな部分にまで意味をもたせた装飾が原因で、どこか仮想的なもの、虚構のなかにいるような錯覚にとらわれる。1706年から29年まで修道院長を務めたロマン・メルクルは、1624年に再建された図書館をバロック様式で装飾させた。彼は、21世紀の人びとがいだいている疑念を知ったら困惑するかもしれない。バロック様式は豪華さときらびやかさを特徴としているが、それにしても、われわれの目にはメッテン修道院図書館の装飾が行きすぎているように見える。ベネディクト会修道士たちは清貧の誓いに固執せず、ヨーロッパ各地にあったベネディクト会修道院は、その豊かさと、さらには豪華さで知られていた。しかし、メッテン修道院図書館ほどの装飾がほどこされることはめったになかったのである。

スタッコ（化粧漆喰）、金メッキ、フレスコ画、木工細工、小天使、男像柱、葉飾り、花束形の装飾、寓意、文字などが混然一体となった室内には、本の存在を忘れさせてしまうほどの高揚感が漂っている。そもそも18世紀のバイエルンでは、カトリック教徒にとって本を読むという行為は気がかりの種だった。当時この地では、依然として宗教改革と対抗宗教改革（反宗教改革）がせめぎあっており、宗教改革者たちを悪とみなす人びとは、彼らが聖なる書物〔聖書や教父たちの著作など〕を深読みしすぎることにすべての原因があると考えていた。この図書館は、研究や調査をする場所である以前に、ベネディクト会の神学者たちが認めた図像プランによる呪術とでもいうべきものが行なわれる場所としてつくられた。図像プランの表面上で

44

BIBLIOTHÈQUE DE L'ABBAYE BÉNÉDICTINE DE METTEN

ベネディクト会メッテン修道院図書館

は、よい知識と悪い知識、つまりカトリックの知識とプロテスタントの知識が対比されている。しかしその裏には、神の恩寵、天啓、信仰は知識に勝り、無駄な書物や討論は疑ってかからなければならないというメッセージが隠されているのである。その証拠に、天井には、「無原罪の御宿り」〔聖母マリアは、母アンナの胎内に宿ったときからすべての罪を免れていたとする教義〕について議論するイタリアの神学者で哲学者トマス・アクィナスとイタリア生まれの神学者で哲学者カンタベリーのアンセルムス、ルター、カルヴァン、メランヒトン、ツヴィングリといったプロテスタントの神学者たちに立ちむかうカトリック教会、ローマの哲学者キケロの本に熱中しすぎたことをとがめられて天使たちに鞭打たれる聖ヒエロニムス、ローマの詩人ウェルギリウスに心酔して正しい道から外れたオドン・ド・クリュニー、そしてもちろん、神に霊感をあたえられてベネディクト会の『会則』をつくった聖ベネディクトゥスが描かれている。これらの見事なフレスコ画は、画家インノツェンツ・アントニ・ヴァレティの作品である。彼は18世紀初頭に、マニエリスム〔ルネサンスからバロックへの移行期にあたる美術様式〕から着想を得たきわめて独創的な様式を確立したが、そこにはかなり俗悪な要素が加わっている。たとえば、彼が描いた4人の福音書記者は、不自然な姿勢で白目をむきながら文章をつづっているせかせかした人物たちである。聖マルコのライオンは「主人」の左腕に甘えたようにもたれかかり、聖ルカの牛はこちらをやさしく見つめ、聖マタイは聖マルコの背中で文字を書き、女性のようにも見える聖ヨハネは無造作に脚を組んでいる。離れた場所には光り輝く聖ベネディクトゥスが逆遠近法で描かれているが、その手法は表現主義〔20世紀初頭のドイツで生まれた芸術運動〕を思わせる。無数の小天使、奇妙な形に膨張したメダイヨン〔円形・楕円形・六角形などの装飾モチーフ〕、甘美な色彩も特筆に値する。フランツ・ヨーゼフ・イグナツ・ホルツィンガーのスタッコは、子どもっぽいマニエリス

ムで表現されている。部屋の中央には円柱が2本あり、その柱の構造は基本的なキリスト教的徳を象徴する男像柱で隠されているが、飛翔するような姿をしたこの男像柱は装飾の傑作と呼ぶにふさわしい。このようなメッセージ性の高い装飾がたえず頭上にある空間では、司書や利用者たちが大胆な行動を起こすことはできなかっただろう。中世では、この修道院は写字室と彩色挿絵本で知られていたが、当時の作品はほとんど現存しない。13世紀の火災で、焼けてしまったものと思われる。

さらに悪いことに、1803年の「世俗化」のときに蔵書が散逸してしまう。のちにミュンヘンの宮廷図書館とランツフート大学図書館で発見されたものは、そのうちの数百冊にすぎなかった。1830年に再建されたとき、世俗化されたほかの修道院図書館にあったものを含む数百冊の本がもたらされた。蔵書の大半が復元されたのは、さらにあとのことである。1839年に神学校と学校のために読書室がつくられると、修道院図書館からはふたたび本がなくなった。その後、蔵書の充実に努めた結果、現在では約17万5000冊の本が並んでいる。その多くが、宗教、ベネディクト会の歴史、バイエルンの歴史をあつかったものである。

メッテン修道院図書館を見ると、バイエルンでバロック様式が熱狂的に受けいれられていた最盛期の様子が目に浮かぶ。すさまじい三十年戦争が終わり、王国はふたたび自信をとりもどし、通商が再開して、長いあいだ危機的状況にあった修道院は権威と特権の一部をとりもどした。この図書館の装飾の極端なまでのぜいたくさは、遠慮も謙虚さも微妙な意味合いもなく、信仰と権力の率直な表明、神の至上の栄光の勝利宣言だったのである。

それぞれの窓枠の側面には、ヨーゼフ・ホルツィンガーによるスタッコ(化粧漆喰)のメダイヨンが配置された。偉大なベネディクト会修道士たちに敬意を表して、そこには彼らの姿が描かれている。しかし、少なくとも現代のわれわれの目には、その姿は奇妙なほど子どもっぽく見える。

右／木の彫刻に金色の装飾がほどこされた書棚の細部。

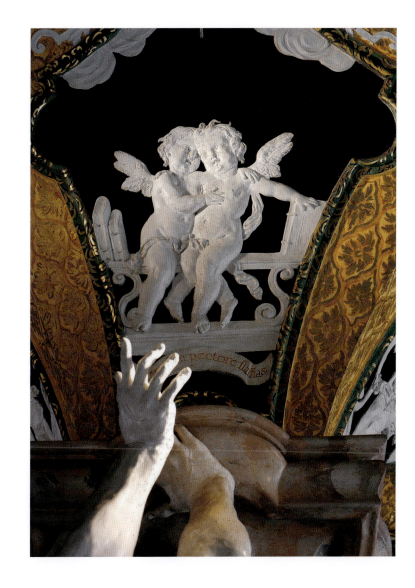

柱の細部。天井の起拱点〔アーチの曲線がはじまる部分〕は、プット〔翼の生えた裸の幼児像〕を描いた4つのメダイヨンで飾られている。

左／中央の柱は、スタッコの男像柱で「支えられて」いる。脚、体、腕が飛翔するような姿をしたこの男像柱は、柱の構造を隠すためにつくられたものである。

ヤーコプ・シェプフによって豪華に飾られた調度品は、あふれるばかりのスタッコやフレスコ画の装飾にうまくとけこんでいる。
右／7つの大罪を描いたこの作品からわかるように、フレスコ画家インノツェンツ・アントニ・ヴァレティは、後期マニエリスムから着想を得た様式に驚くべき独創性を加えた。

BIBLIOTHÈQUE HERZOGIN
ANNA AMALIA

アンナ・アマリア公妃 図書館

ALLEMAGNE, WEIMAR
ドイツ
ワイマール

ALLEMAGNE, WEIMAR

ドイツ ワイマール

アンナ・アマリアはブラウンシュヴァイク=ヴォルフェンビュッテル公の娘で、プロイセン王フリードリヒ2世の姪である。1756年に、彼女は17歳で、若くて病弱なザクセン=ワイマール=アイゼナハ公エルンスト・アウグスト2世と結婚した。この結婚の目的は、プロイセン王に兵力を売ることくらいしか収入源のなかった貧しい国が、血筋を守るために一刻も早く子孫を残すことにあった。その2年後、ヨーロッパ全土を舞台としていた七年戦争のさなかに、エルンスト・アウグスト2世はこの世を去る。アンナ・アマリアは、こういっている。「18歳のとき、とてつもない人生がはじまった。ふたりめの子どもを身ごもっていた私は、未亡人となり、さらには後見人と摂政にまでなったのである」。幸運にも、知性と気力にあふれていた彼女は、有能な首相を任命し、わずか数年で財政を立てなおすことに成功する。両親や伯父の立派な宮廷をなつかしく思っていた彼女は、地理的にはドイツの中心からわずかにずれていたワイマールを知的中心地にするという大計画を立てた。そのために彼女は熱心に働き、1775年に息子のカール・アウグストに権力をゆだねてからは、この計画にますます力を注ぐようになる。アンナ・アマリアは演劇、音楽、文学を愛し、画家、音楽家、詩人たちを次々と招き、社交の場として使っていた「円卓の部屋」に彼らを自由に出入りさせた。彼女はワイマールを近代化し、古い家畜小屋を閉鎖させ、公共の場に照明を設置し、1761年には16世紀の「緑の小さな館」を図書館に変えて、宮殿内の図書館にあった書物をそこに移すことにした。書物が実際に移ったのは、1766年のことである。

もともとあった宮殿内の図書館は、16世紀から存在した。しかし、それが公式なものとされたのは1691年になってからのことである。蔵書の数は増えていったが、文学をとくに好んでいたアンナ・アマリアには、その図書館があまり魅力的に見えなかった。そこで、独創的な図面をもとに、大規模な工事が迅速に進められたのである。建物

の中心は大きく開かれ、大閲覧室と本棚がつくられた。上の階には、棚が並んだ広い回廊がある。建物の壁と閲覧室のあいだには広い廊下がめぐらされ、その両側にも本棚がぎっしり並べられた。装飾は簡素で控えめな後期ロココ様式で、瀟洒で機能的である。床は、地味で細長い木片が敷きつめられた寄せ木張りとなっている。絵画、額縁に入ったデッサン、白大理石の胸像があちらこちらに置かれているが、それらは、長年にわたってヨーロッパ全土で知られていたこの場所を訪れた著名人たちをしのばせる。豪華すぎるバロック様式の修道院図書館から遠く離れたこの場所では、本好きの人びとのための図書館がつくられたのである。

この場所を訪れた著名人のなかでもっとも有名な人物は、ワイマールが非常に気に入って、1775年から1832年に亡くなるまで、カール・アウグスト公と母のアンナ・アマリア公妃のもとにとどまった。その人物とは、詩人で作家のゲーテである。1775年に18歳のカール・アウグスト公が、ワイマールにゲーテを招いたのが滞在のきっかけとなった。まだ若かったゲーテは、書簡体小説『若きウェルテルの悩み』がベストセラーになったことで、大きな名声を得ていた。ふたりの若者は親しくなり、ドイツの小さな宮廷で重んじられている厳格な礼儀作法を乱しかねないほど浮かれた日々を送った。彼らはいつも行動をともにし、国の近代化のために働き、おおいに遊んだ。カール・アウグストはゲーテを私的顧問に任命したばかりか、神聖ローマ皇帝ヨーゼフ2世に頼んで彼を貴族にしてもらった。貴族でないと一家が集まる食卓につくことができなかったためである。アンナ・アマリアも、ゲーテの存在を高く評価していた。ワイマールは当時のドイツにおける知的中心地、とくに演劇の中心地となり、この上なく輝かしいロマン主義の代表者であるゲーテはこの町にふさわしい人物として受けいれられた。年月がたつにつれて、また中心となっ

54

BIBLIOTHÈQUE HERZOGIN ANNA AMALIA
アンナ・アマリア公妃図書館

て活動していた人びとの年齢が上がるにつれて、18世紀後半のドイツで見られた革新的な文学運動であるシュトゥルム・ウント・ドラングは、ロマン主義に移行していった。ゲーテはあらゆる分野で活躍した。彼は銀山の操業を再開させ、経済や公会計に気を配り、森林や鉱山の開発を進め、骨格の解剖学（彼は、それまで識別されていなかったあごの骨を特定した）や光学に熱中した。またそれらと並行して、作家としての成熟度に応じて、スピードはかなり遅かったものの、多くの作品を発表している。戯曲『タウリス島のイフィゲーニエ』や『エグモント』を完成させ、長編小説『ヴィルヘルム・マイスターの修業時代』を書き、代表作である『ファウスト』に手を入れつづけたのである。さらに1797年には、「緑の小さな館」を改装した図書館の館長に任命され、この世を去るまでその職にあった。ゲーテはこの図書館を客観的に見直し、それまで5万冊だった蔵書を約13万2000冊にまで増やした。その結果、この図書館は当時のドイツで一二を争う大きな図書館になった。多くの修道院が「世俗化」されたとき、巧みに手はずを整えたことで、この地方の修道院にあった写本やインキュナブラ〔1500年以前の活版印刷本〕のコレクションがまとめてこの図書館に送られてきた。ゲーテは、状況に応じて適切な行動のできる館長だった。彼は明確な規定をつくり、貸出期限内に本を返却しない利用者には罰金を科した。彼直筆の罰金通知書が、現在でも残されている。

アンナ・アマリアとゲーテという保証人のもとにあった図書館は（アンナ・アマリアは1807年に、館長として熱心に働いたゲーテは1832年に亡くなる）、名声をほしいままにした。このあとも、19世紀のあいだずっと、図書館は書物の入手に積極的だった。たとえば、作曲家モーツァルト、ハイドン、グルックの楽譜コレクション、詩人で劇作家のシラー、同じく詩人で劇作家のアヒム・フォン・アルニムと彼の妻で作家のベッティーナ・フォン・アルニム、作曲家リスト、哲学

者ニーチェの蔵書の一部を獲得している。また、『ファウスト』のコレクション、イギリスの詩人で劇作家シェイクスピアとドイツに関連するコレクション、インスピレーションの源としてのイタリアに関連するコレクションがつくられた。当時のドイツは「レモンの木に花咲く」イタリアにあこがれており、ゲーテ自身の言葉を借りれば、生涯でもっとも幸せな時期を彼はイタリアで過ごしたという。ゲーテは、最後の住居に置いてあった個人の蔵書5424冊を図書館に遺贈している。この図書館はドイツ古典主義研究のための重要な拠点となり、1969年にはドイツ古典中央図書館と呼ばれるまでになった〔のちにアンナ・アマリア公妃図書館と改称〕。

ところが2004年9月2日の朝、電気系統の老朽化によって起きたすさまじい火災で、図書館は焼け落ちてしまう。5万冊の本が失われ、6万2000冊が破損し、アンナ・アマリアの音楽コレクションと35枚の絵画が大きな被害を受けた。しかし、炎やすす、消火活動の際に使われた水によって台無しになった建物の耐久性、屋根、室内の設備に関する大規模な工事が行なわれ、2007年10月24日からアンナ・アマリア公妃図書館はかつての輝きをとりもどしている。現在の蔵書は90万冊以上にのぼり、そのうち500冊がインキュナブラ、200冊が中世の写本で、地図と地球儀も1万点を数える。共産党の支配下でワイマールのほかの図書館に作品が分散され、有利な為替レートに乗じてひそかに本が売却された時代が終わったいま、「緑の小さな館」はふたたび、アンナ・アマリアが望んでいたものを見せている。偉大な一族とひとりの天才が出会ったこの場所、諸侯が権力を競っていた時代のドイツの知的生活が行なわれたこの場所には、ヨーロッパ全土を巻きこんだナポレオン戦争の終結後、経済を成長させ、文化を発展させようと努めた国の姿が見事に映しだされているのである。

ワイマールの「緑の小さな館」に図書館が移転してから数年後に、フランス語で作成された初期の学術的な目録のひとつ。

右/アンナ・アマリア公妃図書館は、1766年に古い館を改修してつくられた。閲覧室と上下ふたつの階に並べる本棚をつくるために、多額の費用がかかった。

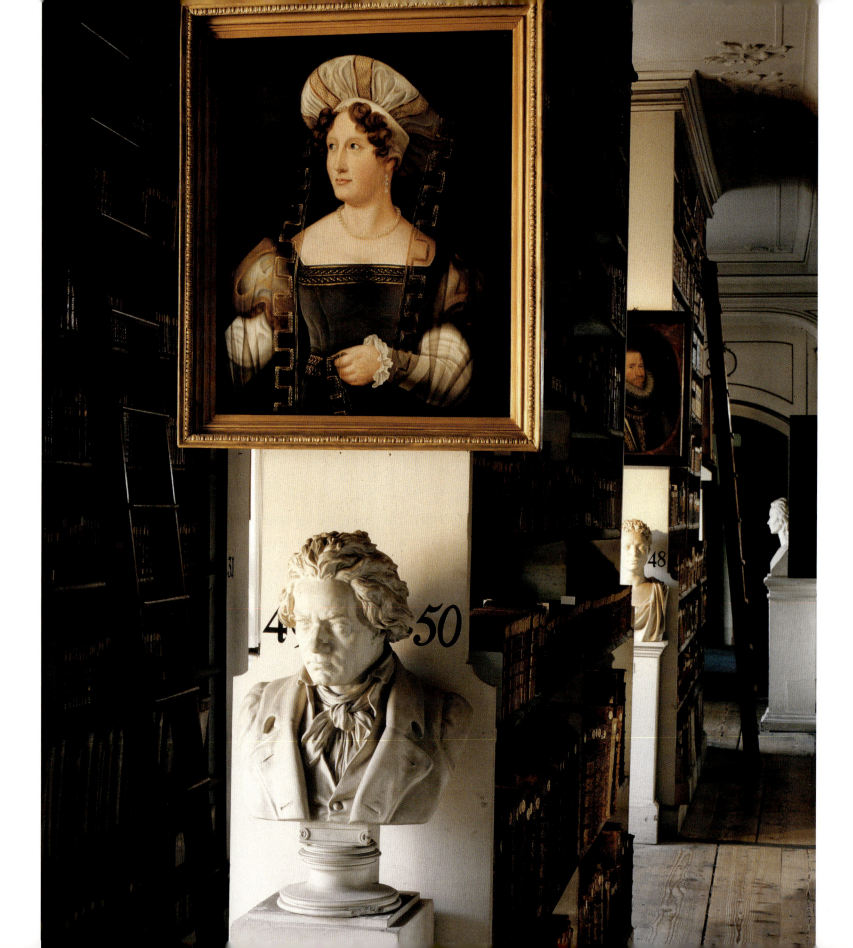

左／本棚が置かれていないわずかなスペースには、魅力的な絵画や著名人の胸像が飾られている。ここにあるのは、ドイツの作曲家ベートーヴェンの像。これらの美術品の多くは、18世紀と19世紀に蔵書と一緒に購入されたり、図書館に遺贈されたものである。

アンナ・アマリアの意向が反映された簡素で機能的な室内。すぐれた研究施設だったこの図書館は、装飾の豪華さよりも蔵書の豊かさで評判が高かった。

BIBLIOTHÈQUE VATICANE

ヴァチカン図書館

ITALIE, VATICAN
イタリア
ヴァチカン

ITALIE, VATICAN

イタリア ヴァチカン

イタリア・ルネサンスの絵画一覧のなかに必ず登場する作品に、メロッツォ・ダ・フォルリ（1438〜94年）の有名なフレスコ画がある。現在は、『シクストゥス4世図書館の開館』というタイトルでヴァチカン使徒絵画館に収められている。腰かけたローマ教皇、その近くに立つ甥たちや修道士、教皇の前に毅然としてひざまずいている白髪まじりの人物が描かれた作品である。このひざまずいている人物は、下部の余白に書かれた場面の説明文を指さしている。彼は人文主義者で伝記作家で愛書家で、西ヨーロッパの大きな図書館でもっとも伝説的な司書プラティナである。見事な遠近法、建築物の正確な描写、人物の表情がすばらしいこの魅惑的なフレスコ画は、歴代のローマ教皇が書物に対していだいていた関心を象徴し、荘厳なヴァチカン使徒図書館の誕生を告げている。

しかし実際には、長いあいだローマ教皇たちは書物にそれほど関心をいだいていなかった。一番古い話では、7世紀に、昔のサン＝ピエトロ教会に図書館があったが、手入れがまったくされていなかったので、使い物にならなかったという。最初のころはまだ、在位中の教皇個人の本と、仮に教会の「中央」図書館とでも呼ぶべきところの蔵書の区別がなかった。ローマ教皇庁がフランス南部のアヴィニョンに移されていた時期、教皇クレメンス6世は2400冊以上の本を所有していた。ところが1367年にローマ教皇庁がローマに戻ったとき、誰ひとりとしてそれらの本をもっていこうとは考えなかったのである。博学で熱狂的な愛書家だったニコラウス5世は、1447年に思いがけず教皇に選ばれた。彼は、本の保管について見直そうと考えた。当時ヴァチカンには、340冊の古い写本しかなかった。これらはおそらく最初の図書館にあったもので、そのうち2冊だけはギリシア語で書かれていた。ニコラウス5世には、イタリアをヨーロッパで一二を争う知的中心地にしたいという野望があった。未来の図書館を通じ

て、彼はローマに人文主義者や学者たちを呼び寄せたかったのである。当時はまだ、印刷術が発明されていない時代で、知識の伝達手段としてもっとも貴重なものは写本だった。古い写本、とくにギリシア語の写本だけが古代の人びとの知識を得るための唯一の資料だったため、あらためてその重要性が認識されはじめた。そこで、古代の哲学者や教父たち〔初期キリスト教会で重要な著述を行なった人びと〕の著作を（許可がおりれば）書き写すために、ヨーロッパ各地を行き来する動きがさかんになった。ニコラウス5世は、ドイツ、デンマーク、そしてとくにギリシアへ密使を派遣し、そこで見つけられるだけの写本を全部購入させた。その結果、数百冊の古文書がローマにもたらされたが、そのなかには古代ローマの料理本『アピシウス』までもがあった。また、すべての写本を手に入れることができないと知っていた教皇は、翻訳者や写本者を雇い、彼らを直接教会内や修道院内で働かせた。ニコラウス5世が亡くなったとき、ヴァチカンには1200冊以上の写本が残された。しかし、1455年に彼の跡を継いだカリストゥス3世は、それらの蔵書を見て、「神の教会の財産が、どれほど無駄遣いされたことか」と叫んだという。その3年後に教皇となったピウス2世は、イタリア中部シエナ出身で本名をピッコローミニといった。彼は自身の膨大な蔵書をもっており、それらは現在でもシエナ大聖堂内のピッコローミニ図書館で見ることができる。そしてついに、教皇シクストゥス4世が、ヴァチカン宮殿内のシスティーナ礼拝堂近くに図書館をつくることを決めた。4つの部屋にわかれ、書見台に本が鎖でつながれていたこの図書館は、学識者、修道士、旅行者たちが、比較的自由に出入りできた。この図書館の最初の司書バルトロメオ・サッキは、プラティナという名前で知られている。彼は蔵書を3500冊まで増やした。ヴァチカン図書館の栄光は、1513年に教皇に選ばれたレオ10世の時代に絶頂に達する。本名をジョヴァンニ・デ・メディチというこの新しい教皇は、ギリシア文学を愛する人

BIBLIOTHÈQUE VATICANE

ヴァチカン図書館

文主義者だった。彼はさらに蔵書を増やし、キリスト教の聖なる書物〔聖書や教父たちの著作など〕や重要な注釈の大半が書かれた言語で直接研究ができるギリシア語学校をつくった。ところが1527年に、ローマは神聖ローマ皇帝カール5世の軍隊に略奪され、多くの写本が盗まれたり、焼かれて失われてしまう。この悲劇的な出来事は、ルネサンス期のヴァチカンの終焉、人文主義研究に開かれた図書館の終焉、知識の探求と発展の終焉を示すものだった。

このあと、対抗宗教改革（反宗教改革）の時代になった。そのころカトリック教会は、ドイツの一修道士の神学的な論拠に圧倒されていた。この修道士は、信者ひとりひとりが聖書を手にとって読むことを奨励した。印刷術が発明されたおかげで、それが可能になっていたのである。それに対してカトリック教会は、本の普及を管理下に置くことにした。1559年に教皇パウルス5世は、カトリック信仰をおびやかすという理由で読むことを禁じた書物の目録である『禁書目録』を作成したが、これが公式に廃止されたのは1966年のことである。それと同時に検閲も行なわれ、古い写本に書かれた内容を新しく注釈することが難しくなった。フランスの哲学者モンテーニュが1580年のローマ滞在をもとに書いた文章に、この政策に関するエピソードが登場する。国境で引きとめられた彼は、自分の本が何冊も押収されているのを見た。そのなかには主著『エセー』もあったが、この本は1世紀後に『禁書目録』に加えられることになる。彼の本のいくつかは、それらを翻訳した人が異端者だという理由だけで差し押さえられたものもあった。その一方で、モンテーニュはヴァチカン図書館ですばらしい待遇を受けている。彼は心ゆくまでさまざまな「手書きの文書」、ローマの哲学者セネカの本、ギリシア人著述家プルタルコスの『モラリア』、ローマの詩人ウェルギリウスの作品、「まるで最近のもののようにあざやかな、きわめて美しい金色のギリシア文字で書かれた」新約聖書中の一書「使徒言行録」を見ることができた。しか

し、まもなくヴァチカン図書館は扉を閉ざし、なかに入ることが少しずつ難しくなっていく。その一方で、歴代のローマ教皇は蔵書を増やしつづけた。たとえば1623年には、バイエルン選帝侯マクシミリアン1世がドイツ南西部ハイデルベルクにあった図書館の蔵書をローマ教皇に贈った。また、1657年にはイタリア中部を治めていたウルビーノ公の有名な蔵書がヴァチカンに届いた。1690年には、長年ローマで過ごしたスウェーデン女王クリスティーナの膨大なコレクションも加わっている。さらに18世紀には、教皇レオ13世が、フィレンツェの貴族バルベリーニ家のものなど、いくつかのすばらしい蔵書を購入した。しかし、これらの書物を見ることができるのは、高位聖職者と、しかるべき信用状をもっている研究者や閲覧者だけで、しかも厳重な監視下でのことだった。また、信頼できる目録がないことと、写本を請求するために番号を調べることが基本的には禁止されていたことは、利用者に大きな不満をいだかせた。閲覧時間もだんだんと短くなり、19世紀中ごろには9時から正午までになった。1852年に、トゥルバドゥール〔中世ヨーロッパの吟遊詩人〕の歌について研究していたドイツの若い詩人パウル・ハイゼは、わずか数行を書き写しただけで閲覧室を追いだされた。読むことはできても、書き写すことはできなかったからである。この決まりごとは、写本の複写がめったに認められなかった中世初期の伝統から来ている。これに違反したものには、悲劇的な運命が待ちうけていた。たとえば6世紀にアイルランドの修道士だった聖コルンバは、心に響いた本を許可なく書き写したという理由で国を追われている。

ヨーロッパの知的世界で、ヴァチカン図書館は少しずつ伝説的な場所となっていった。カトリック信仰を危険にさらしかねない蔵書を隠しもっているといううわさが広まったが、18世紀と19世紀を通じて、ローマ教皇が新しい思想に不信をいだき、それらをくりかえし非難し、どのような神学的変化も拒絶したことから、その疑念は強まっ

BIBLIOTHÈQUE VATICANE

ヴァチカン図書館

シクストゥス5世（在位1585〜90年）が建築家ドメニコ・フォンターナ（1543〜1607年）につくらせた大閲覧室。簡素で機能的だったシクストゥス4世の閲覧室とはまったく異なり、豪華な装飾がほどこされている。

68ページ／大規模な図書館で本を「隠している」ところは少ないが、ヴァチカン図書館はそのひとつである。古い蔵書は、つねに扉のついた棚のなかで保管されてきた。また1613年まで、閲覧できる書物は書見台に鎖でつないであった。

BIBLIOTHÈQUE VATICANE

ヴァチカン図書館

た。フランスの作家で政治家のシャトーブリアンは熱心なカトリック教徒で、ローマ教皇庁大使だったときにヴァチカン図書館を訪れた。彼は『イタリア紀行』のなかで、こう書いている。「鋲の並ぶ鉄の扉は、たしかに知識の扉である。その内側には、すばらしい空間が広がっている。本の姿が見えないのだ。それらの本が閲覧できれば、ここで現代史を完全につくりかえることができるのに」。フランスの小説家スタンダールは、『ローマ散歩』のなかでもう少しはっきりとのべている。「ある宗教のトップにいる人物が、図書館にある本をすべてなくそうとしている様子を見るのは奇妙なことである。だから、好奇心の強い外国人、とくにフランス人がどのようにむかえいれられるのかを見ておかなければならない」。さらに彼は、次のようにもいっている。「写本でいっぱいの小部屋があるが、そこに入ったものはそのことで破門されかねない」。実際、シクストゥス4世がつくった4つの部屋のうちひとつは、当初からヴァチカン秘密文書館と呼ばれており、そこには教皇関連文書と一部の写本が収められていた。また、大規模な図書館にはめずらしく、ヴァチカン図書館はすべての蔵書を棚のなかにしまっていたため、本の姿がどこにも見当たらなかった（現在も見当たらない）。これらのことが、ヴァチカン図書館の閉鎖性の証拠としてあげられていたのである。21世紀の現在では、もちろん一般に公開されている。しかし、誰でも入ることができるわけではない。

メロッツォ・ダ・フォルリのフレスコ画からわかるように、ヴァチカン図書館はシクストゥス4世の時代にようやくふさわしい場所に身を落ちつけた。それは4つの部屋からなり、3人の巨匠、メロッツォ・ダ・フォルリ、アントニアッツォ・ロマーノ、ドメニコ・ギルランダイオのフレスコ画で装飾されていたが、プラティナが描かれたものをのぞいて、すべて失われた。その1世紀後、シクストゥス5世（在位1585～90年）が建築家ドメニコ・フォンターナに広々としてきらびやかな閲覧室をつくらせたが、これが現在われわれが知っているヴァチカ

ン図書館である。この大閲覧室を飾っているチェーザレ・ネッビアとジョヴァンニ・グエッラによるフレスコ画は、最近修復された。幸運にも、神学的側面から図像プランにかかわった人物のひとりであるアンジェロ・ロッカが、1591年に正確な仕様書を出版している。閲覧室の一方に描かれているのはキリスト教の最高会議である公会議（第1コンスタンティノポリス公会議、エフェソス公会議、第1ニカイア公会議など）の様子で、もう一方は古代の大きな図書館（メソポタミア南部のバビロニア、ギリシアのアテネ、エジプトのアレクサンドリア、パレスティナのカエサレアなどにあった図書館）である。中央に並んでいる8本の柱には、ピタゴラスやパラメデスといった古代の偉大な哲学者たち、聖ヒエロニムスや聖キュリロスといった教父たち、ギリシア神話に登場するオリュンポスの神々が描かれており、3本目の柱にはエジプト神話の女神イシスまでもがいる。最初の柱にはアダム、2本目の柱にはモーセとアブラハム、8本目の柱にはイエス・キリストの姿が見える。様式は壮大で、装飾は豊か、表現されている場面は詳細であると同時に仰々しい。これは、力と歴史と勝利を誇る、栄光に満ちたカトリック教会の姿なのである。

現在のヴァチカン図書館は近代化された組織で、ほかに類を見ないほど多くの蔵書を効率よく管理している。ここには、インキュナブラ〔1500年以前の活版印刷本〕8300冊を含む160万冊の印刷本、15万冊の写本と古文書、10万点以上の版画と沈み彫り、30万点の硬貨と美術品がある。入館が可能なのは推薦状のある研究者と教師だけだが、デジタル化された目録は誰でも利用することができ、写本の一部はインターネットで公開されている。最近検索された蔵書、とくに写本の数は少なくない。ヴァチカン図書館はもはや、1783年に旧約聖書を翻訳したアドラーがいったような「本の墓場」ではなく、宝物が永遠に守られる豪華な祭壇なのである。

閲覧室を飾るフレスコ画は、チェーザレ・ネッピア (1536年ころ〜1614年) とジョヴァンニ・グエッラ (1544〜1618年) によるものである。そこには、ローマの主要な記念建築物、いくつかの公会議の様子、ヴァチカン図書館が張りあおうとしていた古代の有名な図書館 (上) が描かれている。

ヴァチカン図書館は、数えきれないほど多くの貴重な品々を所蔵している。たとえば、ローマの詩人ウェルギリウスの『ヴァチカン写本』、4世紀のギリシア語聖書の『ヴァチカン写本B』、コンスタンティン・マネスの『年代記』(14世紀)、旧約聖書中の一書「ヨブ記」(コンスタンティノープルの写字室で11世紀に書き写されたもの)、ドイツの神学者マルティン・ルターが翻訳した『イソップ寓話』があげられる。

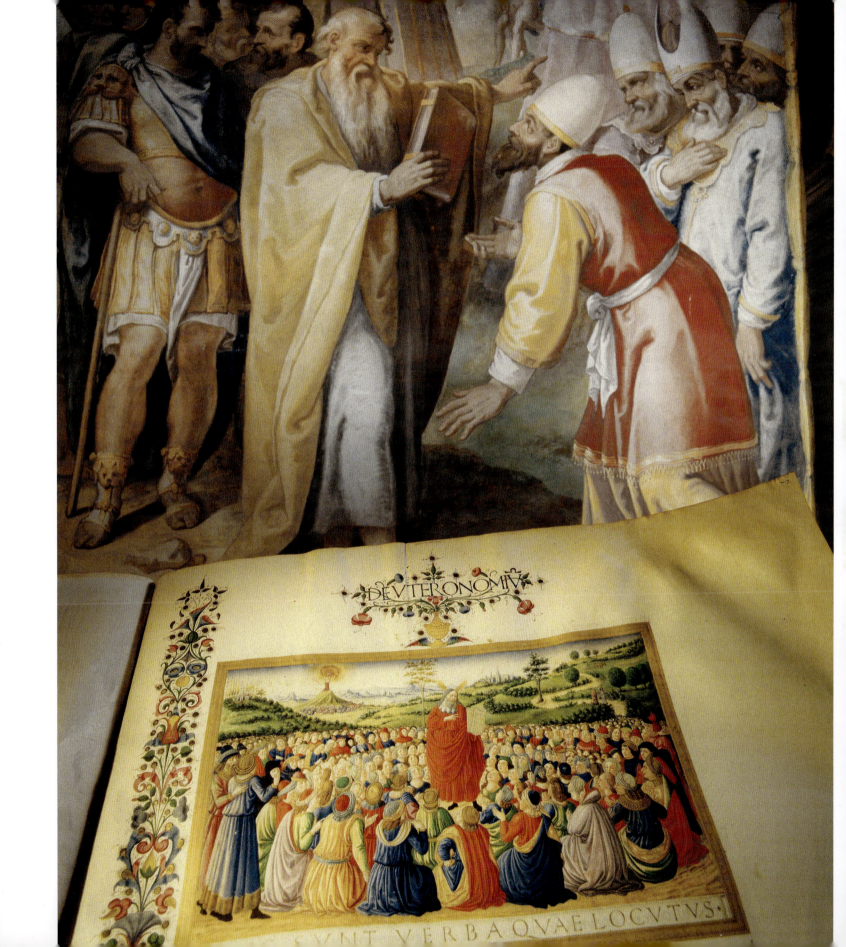

BIBLIOTHÈQUE RICCARDIANA

リッカルディアーナ図書館

ITALIE, FLORENCE
イタリア
フィレンツェ

ITALIE, FLORENCE

イタリア フィレンツェ

リッカルディアーナ図書館の歴史には、リッカルディ家の盛衰が色濃く反映されている。現在のトスカーナ州の州都フィレンツェの名家だったリッカルディ家の権勢はヨーロッパ史に刻まれ、その没落もまた大きな影響をもたらした。

リッカルディ家の先祖はドイツのしがない傭兵隊長で（そのようにいわれているが、おそらく実際にはごく普通の仕立屋だったと思われる）、1367年にフィレンツェの市民権を得た。彼の息子はまたたくまに莫大な財産をつくり、孫は銀行を設立した。栄光の頂点に達したリッカルディ家は、1659年にフィレンツェの大富豪メディチ家の宮殿を購入する。建築家ミケロッツォの傑作であるこの宮殿は、のちにフィレンツェの大邸宅の基準となった。サンタ・マリア・デル・フィオーレ大聖堂やサン・ロレンツォ聖堂から遠くない場所、当時はフィレンツェでもっとも広くて美しい通りだったラルガ通りの角に、そのいかめしい姿を見せている。広い軒の下にはどっしりとしたコーニス〔壁の上部の突きだした装飾〕が張りだし、正面は三層になっていて、荒削りの石、四角い板状の石、なめらかな石の3つのタイプの石で仕上げられているのが特徴である。この仕上げの石には、象徴としての意味がある。一番下の層で使われている荒削りの石は、この建物の土台を守り、一族の力が確かなものであることを視覚的に示している。真ん中の層の上品な仕上げがあらわしているのは豊かさである。一番上の層のなめらかな仕上げは建物全体を軽やかに見せていると同時に、より一層の高さ、つまり高貴さをあたえている。しかしリッカルディ家にとって、この広々とした豪華な宮殿でもまだ小さすぎた。ガブリエロ・リッカルディ侯爵とフランチェスコ・リッカルディ侯爵は、本家の人びとがヴェッキオ宮殿、次いでピッティ宮殿に移ったあと、1世紀のあいだメディチ家の傍流の一族が住んでいたこの巨大な建物を10年かけて改修することになる。

リッカルディ家の人びとは、まぎれもなく本の愛好家だった。すでに1550年代に、リッカルド・リッカルディは文学、詩、宗教に関する本を収集しはじめていた。しかし実際にリッカルディアーナ図書館の創設者といえるのは、フランチェスコ・リッカルディである。彼は図書館を建設し、装飾し、驚くほど蔵書を増やした。図書館の充実は、カッサンドラ・カッポーニとの結婚によるところが大きい。彼女の父ヴィンチェンツォは、天文学者で物理学者ガリレオの友人で、学識豊かな人物として知られていた。1688年に亡くなったとき、彼は5000冊の印刷本と249冊の写本をもっていた。これらの本は、娘のカッサンドラに遺贈された。当時の多くの書籍コレクションとは異なり、リッカルディ家にとって図書館はたんに威信を誇示するためのものではなかった。彼らは蔵書をつねによい状態に保ち、1737年以降は一般に、つまりリッカルディ家に出入りを許されていた研究者や学識者たちに公開することまでしたのである。

リッカルディ家の人びとが本を愛好していた証拠は、数多く残されている。彼らは宮殿に隣接する複数の建物を購入し、それらをとりこわして蔵書を収めるための新しい翼を建てた。そして、才能のある装飾家で彫刻家のジョヴァンニ・バッティスタ・フォッジーニと、当時の偉大な画家のひとりで制作の速さで知られていたルカ・ジョルダーノに内装を任せた。17世紀末以降、リッカルディアーナ図書館は姿を変えていない。閲覧室の幅は比較的狭いが、高さがかなりあり、天井にはフレスコ画が描かれている。長いほうの壁は両側とも、木の彫刻に金色の装飾がほどこされた形式ばった書棚が並んでいるが、この木材を選んだのはフランチェスコ・リッカルディ自身である。上部は小さな回廊でつながり、本はすべて黄褐色の革か羊皮紙で製本されて、金網で保護されている。全体はわずかに重苦しいくすんだ雰囲気で、視線は自然に上のほう、つまり明るい空のほうへ向

BIBLIOTHÈQUE RICCARDIANA
リッカルディアーナ図書館

く。そこには、元老院議員アレッサンドロ・セニが提案した精神世界の図像プランをもとにジョルダーノが描いた楽観的で元気づけられる天井画がある。この絵のなかで精神は、知識の道を歩む困難を暗示する起伏に富んだ風景を背に、鎧を身につけて座った若い男性で表現されている。「哲学」と「神学」と「数学」にとりかこまれた彼が見あげているのは、地球と王杖を手にした威厳のある若い女性であらわされた「英知」である。その近くで、ふたりのプット〔翼の生えた裸の幼児像〕がイタリアの詩人ペトラルカの言葉を見せている。「彼女たちがわれわれの精神を地上から天に引きあげる」。天井全体をおおうフレスコ画の起拱点〔アーチの曲線がはじまる部分〕は、そのほとんどがスタッコ（化粧漆喰）の装飾と文字で飾られている。閲覧室の両端に配置されているのは、一方はリッカルディ家とカッポーニ家の紋章、もう一方はフォッジーニが制作したヴィンチェンツォ・カッポーニの胸像である。

　フランチェスコ・リッカルディの相続人たちは蔵書をさらに増やしつづけ、ヨーロッパにおけるリッカルディアーナ図書館の評判は18世紀末に頂点に達した。しかしこのころにはもう、残念なことにリッカルディ家の権勢はすでに過去のものとなっていた。銀行経営からはかなり以前に撤退し、土地への投資から得られる利益も減る一方だった。また、ぜいたくな暮らしぶり、数多くの別荘、たくさんの美術品コレクション、トスカーナの不安定な政治情勢も、リッカルディ家の没落を早めた原因と考えられる。1813年、競売にかけられる寸前に、リッカルディアーナ図書館はフィレンツェ市に売却された。市はこの図書館を一般に公開したが、2年後にはイタリア政府に譲渡した。現在、メディチ家とリッカルディ家の宮殿だった建物には、フィレンツェ県庁、トスカーナ州議会、トスカーナ州庁舎が入っている。いまや、人びとが訪れるのは、ミケロッツォが設計した建物内のいかめ

しい中庭だけである。ここには、装飾史の変遷がわかる台座の上に、彫刻家バッチョ・バンディネッリの傑作のひとつである大理石像『オルフェウス』が立っている。ここからまっすぐ外を見ると、同じくミケロッツォがデザインした中世の雰囲気が残る建物外の中庭がある。

　リッカルディアーナ図書館の目録から、15世紀、16世紀、17世紀、18世紀が高い文化を誇っていたことがわかる。この図書館では、現在もこの目録に沿った書籍が収集されている。多くの蔵書のなかでも特筆すべきものは、ローマの詩人ウェルギリウスの『牧歌』『農耕詩』『アエネーイス』にパノラマのような彩色挿絵がつけられた15世紀の優雅な選集、メディチ家の初期の人物が所有していた彩色装飾された『数学概論』、ローマの博物学者プリニウスの『博物誌』（10〜11世紀）、フランス北西部ブルターニュの伝説『トリスタン』をトスカーナ語に翻訳した本、色あざやかな彩色装飾がほどこされた13世紀の詩編集、大判の『アトラス判聖書』（12世紀）である。そのほか、ピコ・デッラ・ミランドラ、マルシリオ・フィチーノ、ペトラルカ、ボッカッチョなどイタリア・ルネサンスの学識者たちや、建築家レオン・バッティスタ・アルベルティなどの自筆の文書も多数所蔵されている。

　ありとあらゆる世代の美術史を専攻する研究者や学生が集まるリッカルディアーナ図書館に通わなければ、ルネサンス、フィレンツェ、あるいはイタリア語の誕生について、本当の意味で学ぶことはできない。ある一族が自分たちの楽しみのためにつくった図書館は、いまやヨーロッパ文化の本質的な部分が収められた貴重な聖遺物箱となっている。

ジョヴァンニ・バッティスタ・フォッジーニが制作したヴィンチェンツォ・カッポーニの胸像。学識豊かな人物として知られ、方々を旅行したカッポーニは、5000冊以上の本を収集した。彼はそれを娘のカッサンドラに遺贈し、フランチェスコ・リッカルディの妻だった彼女は、父の蔵書をリッカルディ家の図書館に収めた。その結果、リッカルディ家の図書館はトスカーナで一二を争う規模の図書館となった。

右／ジョルダーノが描いた学習室の天井。ナポリ出身のルカ・ジョルダーノ（1632〜1705年）は、17世紀末のイタリアとスペインで、貴族や聖職者たちからきわめて高い評価を受けていた画家のひとりである。

1786年に装飾しなおされた図書館付属の陳列室。天井の『十字路のヘラクレス』は、1691年にジュゼッペとトンマーゾのナシニ兄弟が制作したもの。ここには、快楽の声と美徳の道の板挟みとなったギリシア神話の英雄ヘラクレスが描かれている。

左／リッカルディアーナ図書館の本棚。使用されている木材は、フランチェスコ・リッカルディによって選ばれた。彼は図書館をつくるためにメディチ家の宮殿に新しい翼を建てさせ、その工事と装飾の様子を注意深く見守った。

BIBLIOTHÈQUE MAZARINE

マザラン図書館

FRANCE, PARIS

フランス
パリ

FRANCE, PARIS

フランス パリ

偉大な図書館には、偉大な司書がつきものである。ウィーンの宮廷図書館（オーストリア国立図書館）のブロティウス、ポルトガルのマフラ国立宮殿図書館のサンタ・アナ、ダブリンのトリニティ・カレッジ図書館のアンブローズ・アッシャー、オックスフォードのボドリアン図書館のボドリー、そのほか大勢の司書たちが、時代を超えた普遍的な知を求めて、図書館の発展に寄与した。その意味で、マザラン図書館の真の創設者は、マザラン枢機卿というよりは司書のガブリエル・ノーデ（1600〜53年）だといえるだろう。彼は18世紀までヨーロッパに大きな影響をあたえつづけた『図書館設立のための助言』（1627年）をはじめとする数々の著書を出し、近代図書館学の始祖となった。

パリのつつましいが教育の大切さを知っていた家庭に生まれたノーデは、優秀な学生だった。驚くほど早熟で博学だった彼は、自分の知性を理性のために役立てたいと考えた。彼は柔軟な思想の持ち主で、神学者や聖職者になるよりも医学を学ぶことを選んだ。そして20歳のとき、学費を稼ぐために、パリで一二を争う豊富な蔵書を誇っていたパリ高等法院院長アンリ・ド・メスムの図書館の責任者になったのである。また同じ年には、政治的な作品や17世紀になっても依然として残っていた迷信に関する考察など、何冊かの小著を出版している。1626年に医学の勉強をつづけるためにイタリアのパドヴァ大学へ行き、その後パリに戻ると、当時のすぐれた知性の持ち主たちをサロンにむかえていたデュピュイ兄弟に紹介された。パリ駐在のローマ教皇庁大使ダ・バーニョ枢機卿の秘書になったあと、ふたたびイタリアへ行ったが、マザラン枢機卿の蔵書の管理をするために1642年にパリに戻る。このときから、彼はマザランのために本を手に入れるべく、フランスとヨーロッパをかけまわる「大収集人」となった。彼は、個人コレクションや書店の在庫をほとんど全部まとめて買いとっている。マザランが住んでいたクレーヴ館には大量の本が集

まったため、彼は多額の費用をかけて現在のリシュリュー通りにあったテュブーフ館を改修させ、手に入れた本を収めるための広い回廊をつくらせた。ノーデが考えた図書館の図面では、棚が壁を埋めつくし、今後蔵書が増えたときにそれらを並べることができるよう、回廊がまがりくねっている。教養人だったマザランは、立派な図書館を所有することは自分の権力を安定させる助けとなる、いまふうにいえば、自分の「イメージ」をよくする手段になることを理解していた。マザランが気前よく旅の費用を出したため、ノーデは1642年から51年までの期間に4万冊以上の本を集めることができた。その結果、マザラン図書館はヨーロッパ最大の図書館となった。一方、同じころ、名前がよく知られていたオックスフォードのボドリアン図書館は1万2000冊しか所蔵していなかった。また斬新だったのは、マザラン図書館は個人図書館だったのに一般に公開されていたことである。そのために、ノーデは通りに面した場所に扉をつくり、そこから人びとが直接なかに入れるようにした。ところが、1651年にフロンドの乱という内乱が起きたため、マザランは亡命し、彼の首には懸賞金がかけられ、財産は差し押さえられ、売りはらわれてしまう。ノーデは数千冊の本を救うことに成功したが、そのために競売で複数の名義を使ったり、本をとりもどすために買い手（そのなかには、スウェーデン女王クリスティーナもいた）の名前を書きとめた。ほどなく彼はクリスティーナ女王の蔵書を管理するためにスウェーデンへ行ったが、折り合いが悪くなったので帰国することを決める。しかしパリに戻る途中、1653年にフランス北部のアブヴィルで亡くなった。ふたたび権力の座についたマザランは、ノーデが残した助言をもとに図書館を再建しはじめる。彼は自分の本を買いもどしたが、競売のときに捨て値で買った彼の本をもってやってくる廷臣たちの姿をおもしろがることもあったという。

このように、ガブリエル・ノーデは、近代ヨーロッパ文化史に残る最初の偉大な図書館設立者のひとりなのである。彼は非常に早い

BIBLIOTHÈQUE MAZARINE

マザラン図書館

時期に、『図書館設立のための助言』のなかで、自分の目指すところを明確にのべている。美しい本の愛好家だった彼は、みずからも8000冊以上の本を所有していた。マザランは万全を期してそれらを差し押さえさせたあと、ノーデの相続人から買いとっている。

つまり、現在パリのコンティ河岸にあるマザラン図書館は、それ以前から存在していた。この世を去る3日前、1661年3月6日に、マザランは遺言補足書で、200万リーヴルの現金と、フランスが領土として獲得した地方に住む若くて貧しい貴族たちのための学校を建設する目的で投資した資金は、確実にその用途として使うよう指示している。この学校はコレージュ・デ・キャトル・ナシオンといい、そのなかに図書館がつくられることになっていた。マザランは1660年の時点で、「大きな館と図書館を備えた壮麗な神殿」の図面を検討させていた。そこには、蔵書のコレクションを永続的に保管しようという彼の計画がはっきりと見てとれる。マザランの遺言執行人コルベールは、建築家ル・ヴォーにコレージュの建設を任せた。ル・ヴォーはネール門の廃墟、昔の城壁があった場所で仕事を開始したが、1670年に亡くなったときはまだ建物の基礎工事しか終わっていなかった。コレージュに最初の生徒が入学したのは、それから18年後のことである。また、マザランの墓は建築家ジュール・アルドゥアン＝マンサールによってつくられたが、それはマザランの死後32年たってからのことだった。敷地の制約から、ル・ヴォーはマザラン図書館を独創的なL字型で設計していた。コレージュのなかで図書館は、天井をのぞいて、何世紀ものあいだ変わらなかったほぼ唯一の部分である。当初は優雅な丸天井だったが、本を並べる場所を確保するために天井を高くする必要が生じたため、1739年に平らなものにつくりかえられた。オーク材のコリント式円柱、錬鉄製の手すりのついた回廊、布でつつまれた棚板は、1668年に以前のマザラン邸から移されたもの

ので、現在も当時のままである。1968年から74年まで大規模な改修工事が行なわれ、音を立ててきしむ古い床がとりかえられた。室内には、部屋をとりかこむように、等間隔に50点の胸像が置かれている。台座の上に乗せられた大理石像とブロンズ像が交互に並ぶ様子は、まるでパンテオン〔偉人たちをまつる霊廟〕を思わせる。

50万冊近くあるマザラン図書館の蔵書は、時代とともに変化してきた。マザランが集めた4万冊は、フランス革命が起きるまでに2倍になった。奇妙なことに、革命時の動乱は「キャトル・ナシオンの図書館」に有利に働いた。このときこの図書館は、かつて神父だったガスパール・ミシェル、通称ルブロンという人物が管理しており、彼が革命時の徴発をうまく利用したのである。実際、修道院や学校から押収した160万冊にものぼる本を、政府はもてあましていた。ルブロンは数年間で、それらのうち5万冊を手に入れることに成功する。2000冊の写本（これらの写本はマザランの死後、フランス王ルイ14世が自分の蔵書とするために押収した）で有名だったマザラン図書館は、以前の写本をとりもどし、現在では3500冊以上を所蔵するまでになっている。それらのなかには、14世紀前半の『薔薇物語』、13世紀の注釈が入った聖書14巻、『シャルル・ド・フランスの時祷書』、そのほか多くの貴重きわまりない音楽写本がある。文化度の高いマザラン図書館は、マザランとノーデが目指した万人向けの図書館でありつづけることはできなかった。1926年以降、この図書館はおもに、フランスの地方史という、あまり知られていないが非常に興味深い分野の本を収集することに努めている。

枢機卿で宰相だったマザランは、同時代の人びとから嫌われていた。しかし現代のわれわれのなかには、純粋に寛大な気持ちからなしとげられたごくわずかな彼の業績のひとつ、マザラン図書館の建設という形で、その栄光が残されているのである。

85

17世紀の黄道儀。

右／フランス学士院の丸天井からすぐのところに、マザラン図書館がある。かつてここには、マザラン枢機卿が1661年に亡くなる数日前、遺言書で建設を希望したコレージュ・デ・キャトル・ナシオンがあった。

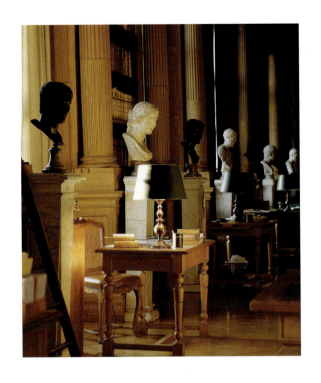

年代を軽やかに無視して、詩人、哲学者、皇帝、学者、競技者、征服者たちの胸像が50点、部屋をとりかこむように置かれている。

右／1970年代に大規模な近代化の工事が行なわれたが、豪華で学究的な雰囲気はそのまま保たれている。

BIBLIOTHÈQUE DE L'INSTITUT

フランス学士院図書館

FRANCE, PARIS

フランス
パリ

FRANCE, PARIS

フランス パリ

マザラン枢機卿の紋章がついた、背が高くて美しい扉だけが、マザラン図書館とフランス学士院図書館を隔てている。このふたつの図書館の歴史はまったく対照的である。マザラン図書館は、17世紀に権力を握っていた教養人がつくった図書館で、彼は生涯を終えるとき、自分が集めたすべての本を誰もが自由に使えることを望んだ。一方フランス学士院図書館は、フランス革命の時代に、国立アカデミーにふさわしい研究機関として設立が決められた。「救いようのない貴族階級の腐敗の源」である王立アカデミーを廃止したあと、共和暦3年憲法を制定した人びとは、それでもやはりかつての王立アカデミーに敬意を表して、同じ役割をはたす国立アカデミーをつくることにした。マザランによって設立された旧コレージュ・デ・キャトル・ナシオンのなかにこの国立アカデミー、つまりフランス学士院が入ったとき、グレゴワール神父（1750～1831年）は次のような格調高い文章を書いている。「フランスの憲法の願い、理性を完成させるための施設をつくった唯一の憲法の願いは、水のように押しとどめられず、火のように抑制できない才能が、ありとあらゆる発見に向けて突き進むことである。法律は学問を守り、学問は自由を守る。この幸運なめぐりあわせによって、あらゆる有益な発明、あらゆる新しい真理が、分別とともに滞りなく適用されることで、豊かさのあらゆる源を拡大し、すべての幸福を増大させる」。フランス学士院は、王政復古期に、ふたたびかつてのアカデミー（アカデミー・フランセーズ、碑文・文芸アカデミー、科学アカデミー、芸術アカデミー、道徳・政治学アカデミー）にわけられた。

1805年に、この「学者たちの議会」は、エコール・デ・ボザール（国立高等美術学校）が入っていたパレ・デ・ボザールに身を落ちつけた。パレ・デ・ボザールの前身は1662年から67年に建築家ル・ヴォーが建てたコレージュ・デ・キャトル・ナシオンで、フランス革命の時代には牢獄として使われていた。建築家ヴォードワイエはこの建物を大々的に手直ししたが、フランス学士院とエコール・デ・ボザールの同居は失敗し、1840年にエコール・デ・ボザールは、近くのプティ・ゾーギュスタン修道院に移転することとなる。

フランス学士院には、マザラン図書館ではできない研究や調査をするための独自の図書館が必要だった。1802年に、建物の翼のひとつが、天井が高く、奥行きが36メートルある広い空間に改修されていた。ここに、フランス学士院図書館が置かれることになった。1805年以降、図書館の設備はほとんど変化していない。閲覧室の壁を埋めつくす本棚の木工細工の一部は、ルブロン神父がサン＝ドニ修道院からもってきたものである。部屋の中央には、1795年につくられた大きな読書机が一列に並べられた。読書机のどっしりした脚には、グリフォン〔上半身が鷲、下半身がライオンの怪物〕をかたどった装飾がついている。この装飾は節約のために紙粘土でつくられたが、ときがたっても美しさは損なわれず、いまなお完璧な状態にある。奥には、家具師リモーヌがデザインしたキューバ産マホガニーの巨大なテーブルが配置されている。ヴェルサイユ宮殿図書館から運ばれたこのテーブルは、最新の書物を展示する場所である。ふたつの窓のあいだには、時計職人アンリ・ルポートが制作した立派な大時計がかかっているが、これはもともとアカデミーの会議場に設置されていた。文字盤がふたつあり、太陽時〔太陽の動きを基準にした時刻〕と常用時〔日常生活で使われている時刻〕、グレゴリオ暦〔現在使われている暦〕と共和暦〔フランス革命期に使われていた暦〕による年月日が示されている。部屋の中央にある大きな読書机は、一時利用者（フランス学士院の会員が推薦した研究者や招待客）が使うことが多い。会員はたいてい、閲覧室の長辺に設けられた快適な小部屋を好んで利用する。そこには座り心地のよい肘掛け椅子があり、さまざまな辞典類や定期刊行物が置かれている。

BIBLIOTHÈQUE DE L'INSTITUT
フランス学士院図書館

　現在、フランス学士院図書館の収蔵品は60万点を数える。そのうちインキュナブラ〔1500年以前の活版印刷本〕が188点、昔の定期刊行物が1万1500点、現在の定期刊行物が859点、写本が800点近く、自筆原稿類が553点で、さらにデッサン、版画、地図、図面、昔の写真、メダル、美術品が多数あり、1370点の文学写本と4万点の本やさまざまなオブジェからなるロヴァンジュール・コレクションが含まれている。同じ建物内にある複数の別館のほか、閲覧数の少ない定期刊行物を保管するための施設もパリ近郊につくられた。このようにフランス学士院図書館は大きな組織だが、5つのアカデミーに所属する会員という、きわめて限定された人のためにしか役だっていない。設立当初、フランス学士院図書館はパリ市会図書館の蔵書をもらいうけた。パリ市会図書館は、おもに王室検事アントワーヌ・モリオが遺贈した本をもとに誕生し、その後、司書ボナミーの活躍と、ド・リヴリー神父からの気前のよい寄贈のおかげで、大幅に蔵書を増やしている。フランス革命の直前に、この図書館は約2万4000冊の本と2000冊の写本を所有していた。さらにフランス学士院は、革命時にさまざまなところから徴発された本を確保することを許可された。その結果、王立アカデミー図書館の蔵書の一部を獲得したが、アカデミー・フランセーズの図書館にあった本だけは動乱のなかで行方がわからなくなったため、手に入らなかった。このあと、フランス学士院図書館の蔵書は、首尾一貫した購入方針と多数の寄贈や遺贈によってまたたくまに増えていく。たとえば総裁政府時代には、自身もフランス学士院の会員だったナポレオンが、イタリア・ミラノのアンブロジアーナ図書館からもちかえったレオナルド・ダ・ヴィンチの見事なオリジナル写本（『手稿』）を12冊、フランス学士院図書館に収めた。ダ・ヴィンチの手書きのデッサンや素描が多数含まれているこれらの写本の内容は、光学、遠近法、幾何学、建築、絵画などさまざまである。ナポレオンはさらに、古代ローマの都市ヘルクラネウ

ムの館で発見され、ナポリ王から贈られた、黒焦げの貴重なパピルスの巻物もこの図書館にゆだねている。19世紀から現在にいたるまで、まとまった数の寄贈をする会員は少なくない。例として、5000点におよぶデュプレシの遺贈、ボリバルの南アメリカ関連の蔵書の遺贈、マクシム・デュ・カンによる蔵書と自筆原稿と大量の手紙の遺贈があげられる。また1907年には、ベルギーの貴族シャルル・ド・スポールベルク・ド・ロヴァンジュール子爵が、19世紀の文学や作家たち、とくにバルザック、ジョルジュ・サンド、サント＝ブーヴに関する資料からなる膨大なコレクションを遺贈した。2000年には、『ジョルジュ・サンド書簡集』全26巻を出版した評論家ジョルジュ・リュバンの娘が、父が所有していたすべての資料を図書館に寄贈したが、そのなかには、ジョルジュ・サンドの生涯が詳細に記された年代順のカード目録も含まれている。いまやフランス学士院図書館は、ジョルジュ・サンドに関する情報の宝庫となっている。彼女は女性だったため、当時はアカデミー・フランセーズの会員になることができなかった。皮肉な運命のめぐりあわせといえるだろう。現在のフランス学士院図書館は、1805年に可能だったほど多岐にわたる作品を集めることは到底できない。会員たちの寄贈や著作が中心で、人文科学、歴史、フランス語、考古学、科学史に集中しているのが現状である。一方、マザラン図書館の購入方針と調整をつけることで、良好な近隣関係を保つことに成功している。

　おそらくフランス学士院図書館は、同じタイプの図書館のなかで世界一ぜいたくな図書館でありつづけている。この図書館は、会員たちがその身分にふさわしい静寂のなかで過ごすことのできる場所である。ここでは時間がゆっくりと流れ、町の喧騒とは無縁で、すぐれた能力と大きな裁量をもつスタッフによって秘密が守られる。会員たちは時代をゆるがす大きな論争とは距離を置くようになり、「学者たちの議会」はだんだんとクラブのような優雅さをもつようになった。

円柱形の台座の上に置かれた著名な会員たちの胸像。広い部屋にリズムを刻み、空間が段状になっているような効果を生みだしている。

左／マザラン枢機卿の紋章が刻まれたオーク材の扉が、フランス学士院図書館とマザラン図書館を隔てている。19世紀の一時期に、この扉はふさがれていたことがある。

窓際のくぼんだ空間には、司書や助手たちの小さな机が置かれている。

右／大きな読書机の脚には、ブロンズに似せて紙粘土でつくったグリフォンの装飾がついている。

BIBLIOTHÈQUE DU SÉNAT

上院図書館

FRANCE, PARIS

フランス
パリ

FRANCE, PARIS

フランス パリ

中庭から新古典主義の大きな正面階段をのぼると、リュクサンブール宮殿の階上にいたる。そこには壮麗な半円形の議場があり、そのまわりをとりかこむ長い廊下には、コート掛けがずらりと並んでいる。この廊下を抜けたところに、建築家アルフォンス・ド・ジゾールが設計した図書館がある。フランスの上院議会議員（元老院議員）だけが利用できるこの図書館はあまり知られていないが、ここの閲覧室はパリで一二を争うほど美しく、心地よい。しかし、たとえ政治家たちがこのリュクサンブール宮殿内でつねに気楽に過ごしてきたとしても、本のほうは自分たちの居場所を見いだすまでに少しばかり戦わなければならなかった。

1615年、フランス王アンリ4世の未亡人で息子ルイ13世の摂政を務めていたマリー・ド・メディシスは、嫌な思い出ばかりがあるルーヴル宮殿よりも快適な宮殿を、もっとよい場所に建てようと考えた。イタリア出身の彼女は、生まれ故郷であるトスカーナの宮殿や邸宅、とくに子ども時代を過ごしたピッティ宮殿をなつかしく思っていた。そのような彼女が選んだ土地は、不思議なほどピッティ宮殿の敷地と似ていた。両方とも町のはずれ、当時はまだ田園風景が広がっていた場所にひらけたのぼり斜面にあったのである。建築家サロモン・ド・ブロス（1571年ころ～1626年）は、歴史的観点からも美的観点からも、マニエリスム〔ルネサンスからバロックへの移行期にあたる美術様式〕と古典主義をあわせもつ建物を設計し、さっそく工事を開始した。しかしこの巨大な住居の建設は予定よりも長引いたため、マリー・ド・メディシスは1624年に、早急に完成させるようド・ブロスを急きたてている。完成した宮殿の建築様式はまちがいなくトスカーナふうだったが、正面広場はパリふうだった。1625年に、マリー・ド・メディシスは自分の宮廷と美術品や絵画コレクションとともに、新しい宮殿に身を落ちつけた。絵画コレクションのなかには、1621年に

フランドルの画家ルーベンスに注文した24枚の巨大な絵画シリーズも含まれていた。このシリーズはマリー・ド・メディシスの生涯を美化して描いたもので、現在はルーヴル美術館の大きな展示室でまとめて見ることができる。リュクサンブール宮殿に移ってまもなく、若きルイ13世の宰相リシュリュー枢機卿によって権力から遠ざけられたマリー・ド・メディシスは、ふたたび実権を握るべく画策するが、敵のほうが上手だった。「欺かれたものたちの日」と呼ばれる一日でリシュリューに敗北した彼女は亡命し、ドイツのケルンで生涯を終えることになる。

リュクサンブール宮殿はその後も王室のものとして残され、マリー・ド・メディシスの息子オルレアン公ガストンの娘モンパンシエ公爵夫人のように波乱に満ちた人生を送った人物や、のちにフランス王ルイ18世となるプロヴァンス伯といった精彩に欠けた人びとなど、時折王室のメンバーが住んでいた。フランス革命のときに徴発され、牢獄として使われた時期もあったが、すぐにその壮麗さにより見合った役割をとりもどし、総裁政府、統領政府、復古王政期、そして共和政下で、上院の議事堂として使われている。

この豪華な宮殿を議事堂に変えることは、それほど簡単ではなかった。そのことは、庭園側から見たかなり鈍重な外観からあきらかである。いくつかの見事な木工細工をのぞいて、かつての内装で特筆すべきものはほとんど残っていない。建築家ジャン・シャルグラン（1739～1811年）は、庭園に面したふたつの翼のあいだに半円形の議場を建設し、1836年から41年にかけて、建築家アルフォンス・ド・ジゾールはその議場を背に新しいふたつの翼をつなぐ図書館専用の細長い部屋をつくった。現在の上院図書館は、はっきりと分離したふたつの広い部屋からなる。庭園に面した閲覧室がある図書館と、建物の中庭に面した翼につくられた別館である。およそ65×7メートルの図書館には、一方の側にだけ7つの窓が設けられた。木

100

BIBLIOTHÈQUE DU SÉNAT

上院図書館

工細工、柱頭のついた柱、壁を埋めつくす本棚、20段の可動式はし
ごは、もともとはすべて淡色のオーク材だったが、時代とともに色が
変化した。窓枠の側面には、いくつかの胸像と絵画が飾られている。
この部屋で一番目を引くのは、当時の著名な画家3人によって描か
れた天井である。中央の部分はドラクロワ、東の部分はリーズネル、
西の部分はロックフォーが担当した。「知識」「哲学」「英知」、そのほ
かありふれたテーマを題材としたリーズネルとロックフォーの天井画
は、閲覧者である上院議員たちの視線をときに法の無限性にさまよ
わせ、心地よい夢想にいざなう。一方ドラクロワは、人生の5年間を
費やしたふたつの重要な作品をここで制作している。そのひとつは、
図書館の中央入口、直径7メートル、高さ3.5メートルの丸天井を飾
る円形の絵画で、イタリアの詩人ダンテの『神曲』の第4歌から着想
を得たものである。「洗礼の恵みを受けることができないまま死んだ
偉人たちが集まる一種のエリュシオン〔死後の楽園〕」。公式委員会
がなぜこのようなテーマを認めたのかは理解に苦しむが、おそらくダ
ンテとエリュシオンという題材が決め手となったのだろう。もうひとつ
の作品は中央入口の上の曲面に描かれたもので、こちらのテーマは
より図書館にふさわしい。「ペルシア王ダレイオス3世が所有してい
たホメロスの詩を、黄金の箱に収めるマケドニア王アレクサンドロス
3世」というのが、そのテーマである。彼はさらに、「哲学」「雄弁」「詩」
「学問」という、この場に望ましい象徴を一連のメダイヨン〔円形・楕
円形・六角形などの装飾モチーフ〕で描いている。厚みや起伏のな
い様式は革新的で、色彩は目を刺激するほどまばゆい。ドラクロワ
はこれらの作品で、「混じりけのない透明な色調によって暗い色調を
生みだす」と『日記』に書いたことを実践しはじめた。また、彼はイギ
リスの画家ボニントンから学んだコーパル樹脂を原料としたニスを使
う手法で、フレスコ画の制作時間を短縮している。リーズネルとロッ
クフォーが描いた迫力のない天井画とくらべて、ドラクロワの作品は

衝撃的なほど見事である。

　建物の中庭に面した翼にある別館は、別館というにはあまりにも
豪華すぎる。もともとはモンパンシエ公爵夫人の住居だった場所で、
1750年に王室コレクションの絵画を100枚ほど展示する美術館に
変えられた。この美術館はヨーロッパ初の公共美術館で、週に2日
だけ公開された。1780年に、プロヴァンス伯はこの場所を自分で使
うために美術館を閉鎖したが、帝政下でふたたび美術館が置かれ
ることになる。そのときこの部屋の丸天井が、フランドルの画家ヨル
ダーンス（1593〜1678年）によって描かれた輝かしい寓意的なパネ
ル『黄道十二宮』で飾られた。このパネルは灰色の色調の装飾に貼
りつけられたが、その装飾は権力者が変わるたび、数字と紋章を変
えるために、地味に手直しされている。1886年に上院はこの部屋を
手に入れて、図書館の別館とした。現在ここには、歴史的な稀覯本
(きこうぼん)が保管されている。そのなかには、モレルの所蔵印が押されたきら
びやかな『エジプト誌』があるが、これはフランス王ルイ＝フィリップ
が当時は貴族院と呼ばれていた上院に贈ったものである。

　上院図書館の歴史は、少なくとも議事堂になってからのリュクサ
ンブール宮殿の歴史と軸を一にしている。早くも共和暦8年（1800
年）に、統領政府の上院は、自分たちの仕事に必要不可欠な研究
施設を整える決定をした。蔵書はアルスナル図書館のものを移し、
そのかわりに、週に何日か一般に公開されることになったが、結局そ
の計画は行きづまってしまう。しびれを切らした議員たちは、おもに
革命時に「徴発」された本を寄せ集めたわずかな数の蔵書からなる
一時しのぎの図書館で我慢せざるをえなかった。当時の購入方針
は、あまり明確ではなかったように思われる。何百もの例を見ても、
購入された書籍と議場での討論との関連性は高くない。この時期に
購入された書籍には、たとえば、1820年の『ナポリの植物』、1829

FRANCE. PARIS

フランス パリ

年の『ウィーンのゴシック様式とロマネスク様式の記念建造物』などがある。1830年に、蔵書は1万1000冊になった。そして、A.神学、B.法学、C.科学、D.文学、E.歴史学の5つの部門と、さらにその下位区分にわけられたブリュネ図書分類表にもとづく目録がつくられたが、この分類表は比較的蔵書が少ない場合に適していたため、蔵書が増えるにしたがって不便になっていった。そのため、第3共和政下で、番号が振られた引き出しで管理するカード目録に移行した。この目録はあまり学術的ではないがかなり実用的で、現代でもあいかわらず利用されている。議員たちの遺贈で蔵書が増えはじめると、みな競うようにまねをしはじめた。たとえば、モレル＝ヴァンデ伯爵は1821年に、特別につくらせた家具のなかに保管していた見事な地図や図面を全部まとめて寄贈している。さらに、包括的なコレクションもいくつか購入された。たとえば1840年には、ピクセレクールのフランス革命関連コレクション（当時の詩、歌、戯曲、版画を収集したもの）が加わった。また、『デュプラ＝タクシス選集』という名前で知られる系譜学者による集成も入手している。これは、「1817年8月25日の王令によって定められた憲章にもとづくフランスの新しい上院議員」に関する、正確であると同時に厄介な情報が集められた作品だった。帝政下の貴族に関する暴露話や貴族政治の如才なさについてまとめられたこの集成は問題の火種となっていたため、当時の貴族院書記官長が購入して金庫の奥深くに隠したが、1887年に偶然発見された。

上院の記録を管理し、議員から依頼された文献の調査も行なっている上院図書館は、現在、45万冊以上の本と1300冊の写本を所蔵し、700点以上の定期刊行物を備えている。これらの蔵書は、当然のことながら議会活動のために使われる。蔵書の大多数は法律書と経済書だが、図書館の成立当初からずっと、上院議員たちの職業や著作とも密接な関係を保ってきた。これまで上院の議席をしめて

きた著名な人物として、作家シャトーブリアン、科学者モンジュ、応用科学者シャプタル、作家ユゴー、画家アングル、作家サント＝ブーヴ、作家メリメ、哲学者リトレ、弁護士ポアンカレ、ジャーナリストのクレマンソーなどがあげられる。

この巨大な図書館を粛々と管理しているのは、上院で働く公務員たちである。ほとんど内輪の図書館といえるこの場所は、閉会中はほとんど人けがなく、会期中は休憩中に調べ物をするために立ち寄る議員たちでやや活気づく。かつて、実入りのよい閑職として、文学者が上院の司書をしていた時代があった。1880年ころには、ルコント・ド・リール、みずからを「申し分のない詩の公証人」といってはばからなかったラコサード、購入された本を書きとめることが唯一の仕事だったというラティスボンといった詩人たちが働いていた。しかし彼らのなかでもっとも有名なのは、アナトール・フランスだろう。ただの帳簿係だった彼は詩人として世に出ると、報酬として「6ステールの薪、600キログラムの石炭、18キログラムの油」がもらえた司書の職を辞し、創作活動に専念した。彼はのちにアカデミー・フランセーズの会員となり、フランス学士院の夢のような図書館を使うことのできる身分となった。

1836年から41年につくられた突出部に設けられた上院図書館。当時の上院は貴族院と呼ばれていた。7つの大きな窓の向こう側には、リュクサンブール公園が広がっている。

大閲覧室の建築様式は、新古典主義から着想を得たものである。しかし格天井〔格子状にデザインされた天井〕の様式は、マリー・ド・メディシスの宮殿の様式であるイタリア古典主義に近い。

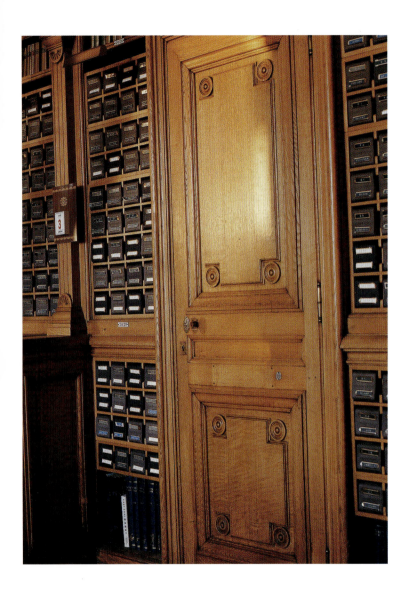 

19世紀に使われていた昔のカード目録。現在は、オンライン目録になっている。

右／アントワーヌ・デブッフ（1793〜1862年）が制作した新古典主義の大理石像『歴史学』。1840年に内務大臣が注文し、1842年に1922番の作品としてサロン（官展）で展示されたあと、同じ年に引き渡された。

入口の丸天井を担当したのは、ウジェーヌ・ドラクロワである。彼はそこに、「洗礼の恵みを受けることができないまま死んだ偉人たちが集まる一種のエリュシオン〔死後の楽園〕」を描いた。

左／ドラクロワの従兄弟にあたる画家レオン・リーズネル（1808〜78年）が描いた寓意的な天井画。

CABINET DES LIVRES DU DUC D'AUMALE

オマール公の図書室

FRANCE, CHANTILLY
フランス
シャンティイ

FRANCE, CHANTILLY

フランス シャンティイ

写本、彩色挿絵、インキュナブラ〔1500年以前の活版印刷本〕、印刷本の歴史や変遷を研究するためには、フランス国立図書館、ヴァチカン図書館、トリニティ・カレッジ図書館、あるいはアメリカの大規模な大学図書館で長い時間を過ごさなければならない。しかし愛書家というのは、感嘆したり閲覧する以上の熱烈な愛を本に対していだいている。愛する本は、なんとしてでも自分のものにしたい。美しい書物を愛好する人びとは、競争相手に先んじて目的の書物を手に入れるため、書店や競売場をかけずりまわることになる。20世紀の著名な愛書家のひとりに、オマール公アンリ・ウジェーヌ・フィリップ・ルイ・ドルレアン（1822〜97年）がいた。彼はフランス王ルイ=フィリップの息子で、アルジェリアを征服し、短期間だがアルジェリア総督を務めた人物である。彼が領地のシャンティイに夢のような城を建てる計画をしたとき、当初は図書室がその中心の場所をしめていた。

数奇な運命をたどったこの人物のモットーは、「待つことにしよう」というもので、実際に彼は26年ものあいだ亡命生活を送っている。聡明で教養がありすぐれた軍人だった彼は、第2帝政が崩壊し、誰を権力者にすればよいのかわからず社会が不安定になったとき、一時はフランスの王位を望むことさえできた。王党派の分裂と硬直したイデオロギーが原因で、結局はもう一度王政が復活することはなく、「遠慮がちな野心家」（ジュール・リシャール「ル・ゴロワ」紙、1873年10月7日）だったオマール公はふたたび亡命の途につき、その後は生涯を自分の楽しみのためだけに費やした。シャンティイの城と図書室は、おそらく最初はたんなる暇つぶしだったが、そのあと情熱を傾ける対象に変わったものと思われる。それらに熱中することで、彼は歴史の栄枯盛衰を忘れることができたのかもしれない。

オマール公はすでに、1848年に同じような経験をしていた。国王ルイ=フィリップと王家の人びととがイギリスへの亡命を余儀なくされた

とき、彼もまた自分の人生をあきらめざるを得なかった。総督として滞在していたアルジェリアから大急ぎでイギリスに渡った彼は、26歳でなにもすることがなくなり、暇をもてあましていた。1830年、8歳のとき、名づけ親だったルイ6世アンリ・ジョゼフ・ド・ブルボン=コンデの全財産を相続した彼は、途方もなく裕福だった。この財産はフランス革命時に差し押さえられたが、1814年に返却されていたのである。1850年には、ルイ・フィリップの死去にともない、オルレアン家の遺産の一部を相続している。また、両シチリア王子の娘マリー=カロリーヌ・ド・ブルボン=シシルとの結婚で、とくにシチリア島の領土を得たことから、さらに莫大な財産を所有することとなった。そういうわけで、彼は亡命先のイギリスで大貴族の生活を送り、大勢の客をもてなし、猟犬を使って騎馬で狩りをした。稀覯本収集に目覚めたのも、このときである。彼はブルボン公の有名な蔵書と古文書を相続しており、さらにはモンモランシー家とコンデ家の蔵書も手に入れていた。フランス革命のときに「徴発」されたにもかかわらず、800冊の写本は無事だったのである。歴史に夢中だったオマール公は、それらの本をすべてイギリスに運ばせ、コンデ公の蔵書目録を作成しはじめる。それはあまりにも時間のかかる計画だったので完成しなかったが、だんだんと本に興味をいだくきっかけとなった。

19世紀は稀覯本収集の歴史上、重要な時期のひとつである。フランス革命によって多くの蔵書が散逸した。徴発されたのはまだいいほうで、たいていは捨て値で売られたり、ひどい場合は略奪された。その結果、書店や競売場には稀覯本が大量に並んだため、手際のよい愛書家は最高の条件でそれらを手に入れることができたのである。本に対して情熱をいだいていたのは、それまでは貴族、書店、印刷屋だけだった。しかし、しだいに多くの人がこの趣味に没頭するようになる。すでに1810年に、書誌学者ジャック・シャルル・

112

CABINET DES LIVRES DU DUC D'AUMALE

オマール公の図書室

ブリュネは『書籍商と愛書家の手引き』を出版している。何度も再版増補されたこの本は、19世紀のあいだずっと、愛書家たちの指針でありつづけた。稀覯本の価格はまたたくまに上昇し、なかでもめずらしい写本は、アナトーリー・デミドフ公、ハートフォード卿（のちのウォレス・コレクション）、オマール公といった大収集家たちのあいだで常軌を逸した争奪戦の対象となっていく。この時期、大きな競売や、経済的に苦しい相続人からの直接購入の機会が立てつづけにあった。1849年にはロンドンでのハウの競売、さらにはボードロック、クランシャン、スタンディッシュ、シゴンニュの競売という具合である。オマール公はスタンディッシュの競売で2500冊をまとめて購入し、シゴンニュの競売では2910点の作品を37万5000フランで買いとった。さらに彼は、ヨーロッパ各地の状況を調査するために、イギリスから使者を何人も送っている。その結果、たとえば1856年には、大英博物館図書室の司書パニッツィからイタリアのジェノヴァにめずらしいフランス語の写本があるという知らせが来た。またその1ヵ月後に、オマール公は彼の図書室の至宝となる『ベリー公のいとも豪華なる時祷書』を入手している。1891年には、リニャック家がフランス王ルイ9世のものだった祈祷書を手放したがっているという情報を得たが、実際にそれは13世紀の傑作『インゲボルグ・ド・ダヌマルクの詩篇集』だった。さらに亡くなる直前にも、完璧な保管状態の見事な写本であるフランス王シャルル4世の妃ジャンヌ・デヴルーの『聖務日課書』と、15世紀のフランス財務官エティエン・シュヴァリエの時祷書から切りとられた画家ジャン・フーケの図版を手に入れている。この世を去ったとき、オマール公のコレクションには、1600冊の写本、1万2500冊の15世紀から19世紀の印刷本、3万冊近くにのぼる19世紀のその他の印刷された作品、数千冊のさまざまな本、これらのほかにシャンティイに遺贈されたふたつのコレクション、多数の定期刊行物があった（現在もある）。オマール公の関心は多岐に渡った

が、なによりも文学を好み、次に歴史、とくにコンデ家や彼自身の家と関係のある歴史、さらには詩、哲学、神学、地理、化学が好きだった。彼は自分が購入した作品のそれぞれについてみずから分類用カードを作成し、『ベリー公のいとも豪華なる時祷書』に関しては、購入にまつわる話や作品そのものについて、13ページにわたる注釈をつけている。現代の稀覯本収集にあたって、これらの注釈は貴重な情報の宝庫だが、それらはまだじゅうぶんに活用されていない。

版画、絵画、彫刻など、見事なコレクションの数々や、この上なく美しい作品でシャンティイを飾るために、ヨーロッパじゅうでつねにそれらを探させたことからわかるように、オマール公には美を見きわめる力があった。彼は製本の品質について非常に神経質だった。彼の図書室を見ると、11世紀から19世紀の製本技術の変遷がわかる。彼はできるだけ美しく製本された本を手に入れようとしたが、必要だと判断すれば製本しなおさせた。そのために、ボーゾネ、トローツ、カペ、デュリュといった、パリやロンドンのすぐれた製本師に仕事を頼んでいた。彼らはオマール公のために独創的な装飾をしたが、その際に、その本がつくられた時代のさまざまな装丁からヒントを得ることもあった。

オマール公ほどの規模で行なうとしたら、稀覯本収集は多額の費用がかかり、非常に大きなスペースを必要とする趣味である。ロンドン郊外のトゥイッケナムにあった彼の邸宅オルレアン・ハウスは、購入した大量の本ですぐにいっぱいになった。そのため、フランスに戻ってシャンティイを再建しようと考えたとき、彼は即座に、未来の城のなかにブルボン＝コンデ公の小さくて居心地の悪い図書室とは違う本物の図書室を整備することを決意した。王家や大貴族の城を手がけていた建築家フェリックス・デュバン（1797〜1870年）が引いた最初の図面では、図書室が城の中心にあった。その後、デュバンの弟子で過去の建築様式を範とする歴史主義者として知られていた建築家オノレ・ドメ（1826〜1911年）がふたつの図書室を提案する。

113

FRANCE, CHANTILLY
フランス シャンティイ

最終的にその案にもとづいて、ふたつの図書室、つまりオマール公の図書室と、近代的でより保管に適した劇場の図書室がつくられた。

愛書家にとって、オマール公の図書室は夢のような場所である。建築そのものはきわめて簡素で、フランス国立図書館の「ラブルーストの閲覧室」や、この時期にパリで建設中だった大規模な公共図書館と同じように、新しい技術を駆使した「最新」の様式が用いられている。棚の骨組みは、ガラスケースの扉も含み、すべて金属製である。つまり、鉄、鋳鉄、貴重な作品に傷がつかないよう革でおおわれた金属板が使われた。入口にある扉の内側には、本を並べたような装飾がほどこされている。それらの偽の本の背には、ギリシア語やラテン語の失われた書物のタイトルがつけられた。このような装飾をほどこしたのは、扉を閉めたときに部屋の壁がすべて本で埋めつくされたようにするためだった。上部とつながる通路兼回廊も金属製で、手すりには書見台が組みこまれているので、その場でちょっと本を開くことができる。この回廊の床には、広げられて布に貼りつけられた地図の巻物がしまわれた。こうすれば、庭園と池に面した4つの広い窓から入りこむ太陽の光にあたらないからである。部屋の中央には、本を閲覧するための大きな机がふたつ置かれた。その机のひとつには、隠れたハンドルを使ってもちあげるしくみの書見台が備えられている。オマール公は図書室の奥に並んだ座り心地のよい肘掛け椅子に座って、協力者や愛書家仲間と会うことが好きだった。それらの肘掛け椅子にも書見台がついていた。そのそばにある小さな暖炉の上には、彫刻家コワズヴォが制作したコンデ公ルイ2世の胸像が乗っている。製本の共通点（大きさ、時代、色）によって美しく分類された本の配置を眺めていると、豪華で満ちたりた気分になる。このような雰囲気のなかで、本への愛を感じない人などいるとは思えない。

このオマール公の図書室からそれほど離れていない場所に、劇場の図書室がある。1888年にブルボン＝コンデ家の劇場があった場所につくられたため、このような名称がつけられた。ここに収められている数千冊の本は、基本的にオマール公の図書室にあるものよりめずらしくなく、貴重でもないが、現代の愛書家たちを恍惚とさせるにはじゅうぶんである。部屋の中央に設置された棚はオマール公が収集したデッサンコレクション用で、赤い革の背がついた大きな紙ばさみに作品が保管されている。デッサンにも興味があったオマール公は、とくに画家プッサンのデッサンを300点以上所有していた。研究者たちはこのコレクションを容易に見ることができ、池に面した感じのいい小閲覧室が彼らのために用意されている。部分的にデジタル化されてはいるが、手書きのものもある目録は、オマール公の狩りの獲物が見おろす場所で利用できる。

アカデミー・フランセーズの会員だったオマール公は、1884年と86年の遺言書で、シャンティイの城と敷地をすべてフランス学士院に寄贈すると表明した。そのとき、城からなにひとつ外にもちだしてはならないという条件がつけられている。つまり、彼の収集品はどこにも貸しだされることがないのである。コレクションの内容があまり知られていないのは、このような理由によるところが大きい。そのため、19世紀のすぐれた作品のなかでもとくにすばらしい本、絵画、彫刻、ステンドグラス、オブジェ、写真からなるオマール公のコレクションは、完璧な保管状態で静かにまどろんでいる。存命中のオマール公のように、それらはただ待っているだけだが、そこにはこの上なく洗練された静かな情熱、われわれの文化史に対する情熱でもある本に対する情熱がみなぎっているように思われる。

オマール公の図書室のためにつくられた石油ランプのスタンド。ブロンズに彫刻がほどこされている。

庭園に面した小閲覧室。研究者たちが図書室の作品を調べるためにやってくる。

右／貴重な古地図と版画はガラスケースのなかに収められ、その上には太陽の光から作品を守るために布の巻物が置かれている。

かつて劇場だった場所に、オマール公が整備した近代的な図書室。ここにはおもに、デッサン、地図、「現代的な」本が保管されている。手前の整理棚に収められているのは、フランスの画家フランソワ・クルーエやニコラ・プッサン、そのほか多くのイタリア・ルネサンスの主要な画家たちのデッサン集である。

可動式の書見台を備えた、オマール公の読書用肘掛け椅子。

右／オマール公は図書室の奥にある暖炉のそばで、コレクションの作品を読んだり、愛書家の友人たちと会うことを好んだ。
マントルピースの上に置かれているのは、彫刻家コワズヴォが制作したコンデ公ルイ2世の胸像。

BIBLIOTHÈQUE
ABBATIALE DE SAINT-GALL

ザンクト・ガレン修道院図書館

SUISSE, SAINT-GALL
スイス
ザンクト・ガレン

SUISSE, SAINT-GALL

スイス ザンクト・ガレン

大規模な修道院図書館の歴史は、ヨーロッパ文化の歴史でもある。ベネディクト会ザンクト・ガレン修道院は、ドイツ、オーストリア、スイスの国境に位置するコンスタンツ湖の近くに建っている。この修道院の創設と最初の数世紀について見ていくと、ローマ帝国がゆるやかに崩壊し、カロリング朝フランク王国が西ヨーロッパ世界を支配する帝国になっていく時期のことがあきらかになる。

ザンクト・ガレンは、聖ガルスを意味する。彼の出自についてははっきりしないが、聖コルンバヌスの弟子のひとりだったことはわかっている。アイルランドの貴族だった聖コルンバヌスは、異教徒たちが住むヨーロッパ大陸に渡り、フランス東部のルクセウィルに修道院をつくったあと、南ドイツ、スイス、イタリアで布教活動をしていた。612年に聖コルンバヌスとともにオーストリアのブレゲンツ付近にやってきた聖ガルスは、シュタイナハ川の水源から遠くない人里離れた場所に隠遁することを決意する。646年に立派なキリスト教徒として亡くなると、この地方の住民たちは、彼が隠遁生活を送っていた場所に教会を建てた。メロヴィング朝フランク王国の宮宰カール・マルテルは、聖ガルスが残したものを守らせるために、オトマールという司祭をその教会に住まわせた。オトマールはまもなく、カール・マルテルの息子でカロリング朝を開いたピピン3世の援助と庇護のもと、修道院を建設する。そして、それまで守ってきた聖コルンバヌスの掟を排し、ベネディクト会の創設者である聖ベネディクトゥスの『会則』を採用した。かなり早い時期から、オトマールは修道院に写字室を設け、本の収集を開始し、学校をつくった。当時、アイルランドやイングランドの修道士たちは、ヨーロッパの先住民族であるケルト人の影響を受けた書体や彩色装飾を広めるため、ヨーロッパを旅してまわっていた。彼らはザンクト・ガレンにもやってきて、そのときに修道院の写本を複製している。ピピン3世の息子カール大帝の治世になると、ザンクト・ガレン修道院はローマから来たふたりの聖歌隊員を

受けいれて、彼らにグレゴリオ聖歌を教えた。ローマに戻ったふたりは、非常に有名な歌唱学校をつくっている。修道院の写字室では、いまなおこの図書館に何冊も残っている交唱聖歌集が次々と制作された。活気に満ちあふれた交流が行なわれていたザンクト・ガレン修道院は、カール大帝からさまざまな特権を受け、9世紀に大きな力をもつようになった。この修道院の威光が広く世に知られていたことがわかるものに、820年の「ザンクト・ガレンの修道院平面図」がある。教会を中心に個々の役割をもつ建物が配置されたこの平面図には、一種の理想的な宗教都市の姿が描かれている。実際にこの図面どおりのものがつくられたわけではないが、中世におけるベネディクト会の建築におよぼした影響は大きかった。850年ころ、この修道院の最初の図書目録が作成された。それによると、すでに修道士たちの関心は神学上の問題にとどまっていない。この目録に記されている写本のうち、400冊以上が現存する。

その後、930年ころに東方からマジャール人の攻撃を受けたことがきっかけで、ザンクト・ガレン修道院は暗黒の時代に突入する。937年に修道院は焼きはらわれるが、図書館は無事で、蔵書もすでに近くのコンスタンツ湖に浮かぶ島にあるライヒェナウ修道院に移してあったので災難を免れた。12世紀以降は世の中で起きた数々の争いに巻きこまれ、歴代の修道院長は聖界諸侯として世俗の領主と同じ身分になっていたにもかかわらず、修道院は衰退の一途をたどってしまう。さらに16世紀初頭には、プロテスタントの一派に属するカルヴァン主義者たちに修道院を略奪された。ふたたび繁栄の時期が訪れたのは、1530年のことである。修道院にとって、本はあいかわらず重要な位置をしめていた。17世紀中ごろには、ピウス修道院長が印刷機を手に入れたことで、昔の写字室はスイス初の印刷所に生まれかわった。ところが1712年に、ザンクト・ガレンはチューリヒとベルンに侵略され、今度は図書館の貴重な本も奪われてしま

BIBLIOTHÈQUE ABBATIALE DE SAINT-GALL
ザンクト・ガレン修道院図書館

う。1755年から65年に修道院はバロック様式で再建されたが、平和な時代は長くつづかなかった。1798年にスイスは聖界諸侯の身分を廃止し、1805年に修道院の収入は没収された。1846年にザンクト・ガレンは司教区となり、建物は司教と州の機関に分配され、図書館だけが残った。7世紀に建てられた修道院は、ライン川流域のガリアにおける布教活動に貢献したあと、宗教改革の犠牲となり、ついには聖職者の財産が没収された「世俗化」の大きな流れに飲みこまれたのである。

現在われわれが知っている修道院の再建工事がはじまったのは、1755年のことだった。ケレスティン2世グッガー・フォン・シュタウダッハ修道院長は、気どりのない簡素で力強いバロック様式を信奉するオーストリアの建築家ペーター・トゥムプ（1681～1766年）と、息子のミハエル・ペーター（1725～69年）に仕事を依頼した。図面のなかで、図書館はもっともよい場所をしめている。中央入口の重い扉の上には、金色の平縁〔板などの端を押さえる平たい部材〕がついた飾り枠のなかに、「精神の療養所」というギリシア語の文字が記された。これは、エジプト王ラムセス2世の「本の館」をいいあらわすために、前1世紀のギリシアの歴史家シケリアのディオドロスが使った言葉である。扉を開けると、さまざまな種類の貴重な木材がもつ色あいが美しく輝く神々しい空間が広がっている。全体にリズム感があるのは、書棚の突出部や、場所によって幅が異なる回廊を支える柱の効果によるものである。また回廊の輪郭は、ゆったりと曲線を描くような床の寄せ木細工のデザインと調和している。木製の優雅な円柱には金の葉飾りがついた金色のコリント式柱頭が乗せられているが、たくさんの木工細工にほどこされた薄い平縁も金色である。窓の上につくられた壁面のくぼみには、芸術や科学を象徴する彩色された木でできた魅惑的なプット〔翼の生えた裸の幼児像〕がいくつも置かれた。プットはみな異なるポーズをとり、真剣な表情で、それぞ

れの役割を示すアトリビュート〔人物を特定する目印〕を掲げている。4つの平たい丸天井からなる天井を力強く飾っているのは、第1ニカイア公会議、第1コンスタンティノポリス公会議、エフェソス公会議、カルケドン公会議をテーマにした画家ヨーゼフ・ヴァネンマッハーのフレスコ画とメダイヨン〔円形・楕円形・六角形などの装飾モチーフ〕、それらをかこむロココ様式のスタッコ（化粧漆喰）である。ここで描かれている図像は、ドイツやオーストリアのほかの修道院図書館のものとはくらべものにならないくらいつつましい。ありきたりで複雑な寓意はなく、カトリック教会の歴史で重要な出来事が単純に描写されている。おそらくザンクト・ガレンのベネディクト会修道士たちは、信仰を誇張して賛美する装飾よりも根気強く集められた何千冊もの本のほうが、「魂のケア」ができると考えていたのだろう。

この図書館の蔵書は何度もひどい扱いを受けてきたが、この地方の歴史を理解する上で、いまでもきわめて重要なものでありつづけている。ザンクト・ガレン修道院はたんなる大きな写字室だったのではなく、修道士たちが写本をつくり注釈する文化センターだった。古い作品のなかにも、当時としてはめずらしい精神の自由さが見られるものがある。たとえば、カール大帝の死後すぐにノトケル・バルブルスによって書かれた『カール大帝伝』、この修道院の修道士が制作した象牙製の表紙がついたミサ用福音書抄録集『エヴァンゲリウム・ロングム』、ローマの哲学者キケロの『構想論』（10世紀）、ランゴバルド王ロターリの『勅令』（7世紀）、羊皮紙に書かれた最初のローマ観光案内書『ミラビリア・ロマーナ』、ドラキュラ伯爵の残虐行為の数々が語られた陰鬱な写本、などがあげられる。研究施設であり、歴史的コレクションを所蔵するザンクト・ガレン修道院図書館には、現在15万冊の本があり、そのうち2000冊以上が写本、1500冊以上がインキュナブラ〔1500年以前の活版印刷本〕となっている。

BIBLIOTHÈQUE ABBATIALE DE SAINT-GALL

ザンクト・ガレン修道院図書館

大広間の建設は1757年11月28日に決定し、1760年に工事がはじまった。完成する
までには、10年以上を要している。

900年ころにザンクト・ガレン修道院で複製されたミサ用福音書抄録集『エヴァンゲリウム・ロングム』の表紙。彫刻された象牙でできている。聖ガルスが隠遁する小屋をつくるのを熊が手伝っている（左下）。

左／図書館の中央入口。飾り枠のなかには、「精神の療養所」とギリシア語で書かれている。これは、エジプト王ラムセス2世の「本の館」をいいあらわすために、ギリシアの歴史家シケリアのディオドロスが使った言葉である。

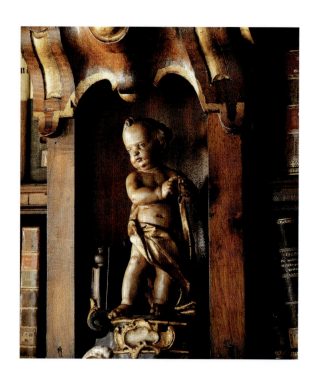 

 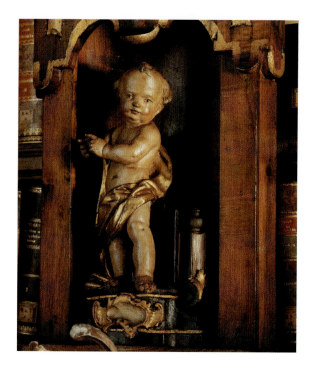

柱頭の上につくられた壁面のくぼみには、芸術や科学を象徴する彫刻された木でできたプット〔翼の生えた裸の幼児像〕がいくつも置かれた。

プットはみな、本、天球儀、望遠鏡、リュート〔弦楽器の一種〕など、寓意的な象徴を身につけている。

窓枠の側面に向かい合わせで置かれた内側の木棺と外側の木棺。これは、紀元前7世紀の若いエジプト人女性シェペネーゼのミイラのためのものである。これらはまとめて、学者たちがエジプト学に夢中になっていた時期にあたる1820年に、この図書館に寄託された。

右／ケレスティン2世グッガー・フォン・シュタウダッハ修道院長（1701〜67年）に敬意を表して、南の扉の上にある木工細工に彼の肖像画がはめこまれた。エネルギッシュな彼は、修道院付属の新しい図書館と教会をつくるために奔走した。

BIBLIOTHÈQUE BODLEIAN

ボドリアン図書館

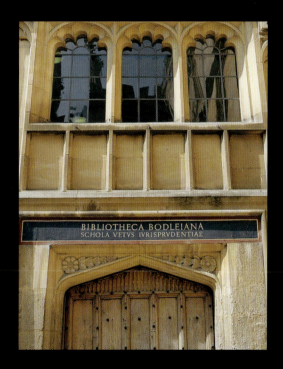

ROYAUME-UNI, OXFORD

イギリス
オックスフォード

ROYAUME-UNI, OXFORD
イギリス オックスフォード

栄光に満ちたひとつの文化をつくりあげている大規模な図書館は、どれもが簡単に誕生したわけではない。それは奇妙であることを通りこして、不条理でさえある。必要であれば図書館ができたと無邪気に思うかもしれないが、実際に設立されるためには、君主であれ、修道院長であれ、教養人であれ、活動的な人物の断固たる意志と、とくに巨額の資金が必要だった。オックスフォード大学のボドリアン図書館が、そのよい例である。

オックスフォード大学は（大学を構成しているそれぞれのカレッジとは別に）、14世紀初頭にまとまった数の写本を所有しており、学生たちはそれらをセント・メアリー教会の回廊で読むことができた。1320年に、ウスター司教はこれらの貴重な写本を収めるための部屋をつくるという寛大な決定をくだす。しかし1327年に彼が急死したことで、この崇高な計画は気勢をそがれた。工事はようやく1367年に終わり、図書館が実際に使えるようになったのは1410年のことである。1444年に、イングランド王ヘンリー5世の弟であるハンフリー公が281冊の写本を寄贈した。彼はその後、後期ゴシック様式の壮麗な会議室だったディヴィニティ・スクールの上階に、新しい図書館の建設を決める。しかし、時間に重きが置かれなかったのか、この図書館が開館したのは44年後のことだった。その上、大学当局は図書館にそれほど関心がなく、司書たちの給料を支払うために、軽々しく蔵書を売っていたという話も残されている。1550年に最大の不幸が訪れた。宗教改革者たちによって、カトリックの教えが少しでも関係している本はすべて棚からとりのぞかれ、見事な写本も羊皮紙代程度で町の製本師たちに売りはらわれてしまったのである。1556年には、とどめの一撃として、カレッジのひとつであるクライスト・チャーチに家具類が売却されたあと、医学校に変えられた。こうして、オックスフォード大学からは図書館がなくなった。

ここに登場したのが、サー・トーマス・ボドリー（1545〜1613年）である。イングランド南西部のエクセターでプロテスタント教徒として生まれたボドリーは、カトリック教徒からの迫害を逃れるため、スイスのジュネーヴに一家で移住した。ジュネーヴで彼は何人ものすぐれた教師から学んだが、そのなかには宗教改革の指導者のひとりであるカルヴァンもいた。プロテスタントを奉じる女王エリザベス1世の治世になると、イギリスに戻り、オックスフォード大学のモードリン・カレッジに入学する。卒業後は教師となり、25歳の若さで学生を監督する学監になった。1576年に彼はふたたびヨーロッパ大陸へ行き、精力的に旅行をしたあと、イギリスに戻ってエリザベス1世に仕えた。エリザベス1世はプロテスタントとしての立場に理解を求めるため、フランス、デンマーク、オランダに彼を派遣した。何年にもわたって女王の大使を務めたあと、裕福な未亡人と結婚したボドリーは、1596年に職を辞す。そして1598年に、母校のオックスフォード大学に図書館をつくるため、自分の時間と財産を使うことを決意するのである。彼が提供した資金と本はさっそくその年の3月に受けいれられ、1600年には、ディヴィニティ・スクールの上階にあった古い図書館が再建された。1602年に開館したとき、すでに299冊の写本と1700冊の印刷本があった。1605年に、蔵書は6000冊になっている。1610年、貴族に叙せられたボドリーは、製本前のすべての書籍の見本を無料で図書館に収める約束をロンドンの印刷所とかわした。これがイギリスにおける法定納本制度のはじまりで、ボドリアン図書館は長いあいだそれを確実なものとする役割を担っている。

1613年に亡くなったとき、ボドリーは自分の財産を図書館にゆだねていた。ほどなく図書館の入口前に、講義室が入った建物にかこまれたクアドラングルと呼ばれる簡素な中庭の建設がはじまる。ディヴィニティ・スクールの端にはすでにふたつめの部屋が拡張されていたが、1634年には反対側の端に3つめの部屋であるセルデン・エ

BIBLIOTHÈQUE BODLEIAN
ボドリアン図書館

ンドができた。この名称は、自分の蔵書を気前よく寄贈した法学者の名前に由来する。このあとも写本や印刷本の寄贈はつづき、図書館は発展の一途をたどった。オックスフォード大学の学生であることは入館の条件ではなかったため、ヨーロッパ各地から研究者たちがやってきた。逆に、オックスフォード大学の学部在学生は、1856年までこの図書館に入れなかった。しかし、たとえば1831年は1日に2～3人しか利用者がいなかったなど、数字で見るとそれほど人気があったとはいえない。建物に暖房が入ったのは1845年からで、電気の照明がついたのは1929年のことだった。そのため、研究者たちはこの図書館で長時間過ごす気になれなかったのだろう。

18世紀に何度か衰退の時期があったが、その後、ボドリアン図書館はふたたび大きく発展した。1849年には22万冊の印刷本と2万1000冊の写本を数え、世界で一二を争う大規模な図書館となる。さらに1860年に、立派な丸天井のついたバロック様式の見事な円形の建物であるラドクリフ図書館が併合され、ラドクリフ・カメラと名称を変え、メインの閲覧室となった。また、1939～40年には建築家サー・ジャイルズ・ギルバート・スコットによる新館が完成している。現在のボドリアン図書館は700万冊以上の蔵書を誇る、モスクワ大学図書館についでヨーロッパで2番目に大きな大学図書館である。

ボドリーは、本に関しては近代的な考え方をもっていたが、建築については保守的だった。彼の図書館には想像力豊かな折衷的な傾向が見られ、こんにちにいたるまで、イギリス建築の魅力を淡々と伝えている。1600年の時点で、ヨーロッパ大陸では古典主義が幕を開けていたが、イギリスでは依然として過去を向いた建築がつくられていた。そのことは、クアドラングルのゴシック様式の壁の装飾パネル、後期ゴシック様式の窓、小尖塔と銃眼のある壁を見るとわかる。率直にいって、それらは時代遅れである。また、ボドリーが再建した歴史的な部屋は、もともとは15世紀のものだったことを少しも隠そう

としていない。天井は、複製ともいえるほどルネサンス的に描きなおされている。もともとの着想の源がすでに存在しないのに、当時の様式で制作を行なうことは困難である場合が多い。この細長い部屋の側面には、両側とも、かつては写本が鎖でつながれていた書見台があったが、そのかわりに仕切り壁にもなる書棚が並べられた。ここには現在、オームズビーの詩編集（イギリス、13世紀末）、プリニウスの『博物誌』ヴェネツィア版、コンスタンティノープルで作成されたギリシア語の写本類、『ドン・キホーテ』初版、ボドリーが購入したが当時のオックスフォードでは誰も読むことができなかった孔子の著作をはじめとする中国語の書籍など、とくに貴重な作品が置かれている。この部屋の天井は大学の紋章で飾られているが、アーツ・エンドと呼ばれるふたつめの部屋の天井には、さらにボドリー家の紋章が加えられた。アーツ・エンドの本棚は、部屋の高さいっぱいに、壁に平行に配置され、上部には小さな回廊が設けられている。3つめの部屋であるセルデン・エンドは、アーツ・エンドと同じ意図でデザインされているが、ステンドグラスで飾られたゴシック様式の3つの大きな窓がついているのが特徴である。

紋章の入ったこの天井の下では、有名無名にかかわらず、何千人もの研究者が仕事をしてきた。ボドリアン図書館はそれほど広くないが、その威光ははかりしれない。事実この図書館は、オックスフォード大学の高い文化をなによりも象徴している。伝説を大切に守りながら、ボドリアン図書館は、カントリー・ハウス〔貴族や地主の所領にある邸宅〕、イギリス海軍、議会、君主制とともに、名誉あるイギリス文明に寄与しているのである。

 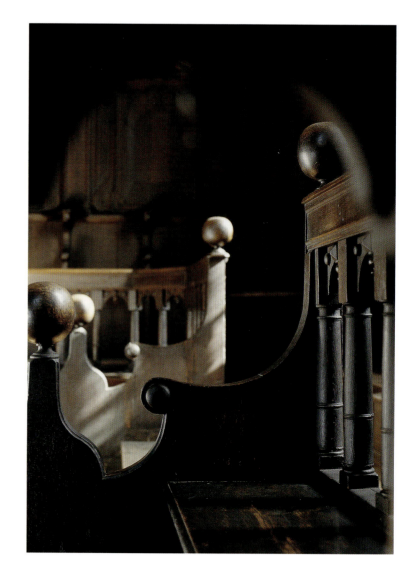

左／棚の縦枠に残っている純金で書かれた文字は、昔の分類表示である。

右／コンヴォケーション・ハウス（1634〜37年建設）の座席に向かう階段についている手すり。セルデン・エンドは、この部屋の上に建てられた。ここは内戦中にイングランド王チャールズ1世が議会を招集した場所で、現在も大学総長の選挙が行なわれるときに使われている。

ボドリアン図書館にある3つの歴史的な部屋の家具や雰囲気は、建設当時のまま保たれている。

142～143ページ／1610年から12年に建てられたアーツ・エンド。右は、サー・トーマス・ボドリーの彩色大理石像（制作者不明）。ドーセット伯トマス・サックヴィルが、貴族に叙せられたばかりのボドリーに贈ったもの。

アーツ・エンドの天井。格子状にデザインされた部分に、オックスフォード大学の紋章とボドリー家の紋章が描かれている。

右／アーツ・エンドの窓際に置かれた、バラとアザミの装飾がほどこされた木製の肘掛け椅子。おそらく1830年代に制作された。1843年作の絵画に、同じ場所に置かれたこの椅子に当時の司書が座っている姿が描かれている。

BIBLIOTHÈQUE
WREN-TRINITY COLLEGE

トリニティ・カレッジ、レン図書館

ROYAUME-UNI, CAMBRIDGE
イギリス
ケンブリッジ

ROYAUME-UNI, CAMBRIDGE

イギリス ケンブリッジ

イギリス建築に造詣が深い美術史家ニコラウス・ペヴズナー（1902〜83年）は、ケンブリッジ大学トリニティ・カレッジ図書館について、こう書いている。「この図書館は、基本的に古典主義のものではない建物に依然として慣れていたケンブリッジに、新星のようにあらわれたにちがいない……。ついに人びとは、その輝きに満ちた偉大さ、古代ギリシア・ローマに由来する卓越した技法によって組みあわされた素朴さと自在さを、誇張することなく感嘆するにいたった。（略）この図書館は、ほかのすべての建物を、一挙に甘ったるく弱々しいものにしてしまったのである」

この図書館が当時の人びとにもたらした興奮と感動を理解するためには、16世紀末にイングランド王ヘンリー8世が、もともとあったふたつのカレッジ、キングスホールとマイケルハウスを統合してつくったトリニティ・カレッジのことを思いえがく必要がある。当時、トリニティ・カレッジの建物群は（ケンブリッジ大学を構成するほかのすべてのカレッジも同様だったが）、統一感を欠き、高さもまちまちで、様式は多少とも伝統的、建築線はあいまいで、接合部は危険な状態だった。古びた石が放つ魅力はいくらかあったが、建物の内部はあまりにも居心地が悪く、カレッジのマスター（カレッジ長）やフェロー（教師）たちは大きな不満をもっていた。どこもかしこも光が不足し、ケム川のほとりにある風通しの悪い部屋の大半に湿気がこもっていたからである。1600年に整備された当時の図書館は、その代表的な例だった。その図書館はあまり頑丈ではない建物の4階に押しやられ、1670年には本の重みで壁が崩壊しかかっていた。その後、1673年に、神学者で数学者で実験哲学の信奉者だったアイザック・バロー博士という活動的な人物がカレッジ長に任命される。彼にとって、図書館は重要な関心事のひとつだった。古い図書館は少し前に屋根が燃えており、倒壊する危険をはらんでいた。そのため、す

でに評判の高い図書館を所有するほかのいくつものカレッジから、トリニティ・カレッジはその威光を疑問視されるまでになっていたのである。たとえばセント・ジョンズ・カレッジは、1620年に見事な図書館を建てている。そこでバローは理事会と長い議論をしたが、理事会の煮えきらない態度に憤慨し、ケンブリッジ大学で一番立派で一番美しい図書館を建てることを一方的に宣言した。しかし、あいにくトリニティ・カレッジは、財政的に厳しい状態に置かれていた。収入のほとんどは、国王がカトリックの修道院から押収し、トリニティ・カレッジにあたえた農地からもたらされるものだったが、数年前から収穫量が減っていた。そのため、一般の人びと、とくにカレッジの卒業生に助けを求めることにした。その方法は、検討中の計画の版画を添えた手紙を送るというもので、いまでいう宣伝用のダイレクトメールに似ている。建設に20年を要する計画の資金を集めるため、この手紙は何度も送られて、多額の寄付をした人には図書館の閲覧室に紋章と胸像かなんらかの彫像を飾ることが約束された。

バローは、友人でイギリス王室の建築家サー・クリストファー・レン（1632〜1723年）に、新しい図書館の設計を依頼した。レンは、1666年の大火で焼失したロンドンの復興に忙殺されていた。彼は都市計画を請け負い、52の教会とセント・ポール大聖堂の建設を任されていたのである。奇妙なことだと思われるだろうが、レンは建築の専門教育を受けていなかった（しかし、このような建築家は彼ひとりではない。ル・コルビュジエや安藤忠雄も独学で建築を学んでいる）。数学者で、ロンドン大学とオックスフォード大学の天文学教授だった彼は、ふとしたことがきっかけで、オックスフォード大学の広い劇場の屋根の問題についての相談を受けた。このとき提案した技術的な方法が実際に問題を解決したことから、彼は建築に興味をいだくようになったのである。当時の多くの建築家と異なり、レンはイタリアへ行ったことがなかったため、古代ギリシア・ローマ文明を、版画

BIBLIOTHÈQUE WREN-TRINITY COLLEGE
トリニティ・カレッジ、レン図書館

や学生たちの模写によってでしか知らなかった。彼が外国へ旅したのは、1665年から66年にかけてのパリだけである。このとき彼はマザラン枢機卿の館と、のちにマザラン図書館が入ることになる建築家ル・ヴォーによるコレージュ・デ・キャトル・ナシオンの図面にことのほか興味をもった。一方、バロー自身はイタリアへ行ったことがあり、1世紀前にヴェネツィアのサン・マルコ広場に建築家サンソヴィーノが建てた図書館、建築家パッラーディオがヴィチェンツァで手がけた邸宅や公共建築物、ミケランジェロが設計したフィレンツェのラウレンツィアーナ図書館を訪れていた。彼がイタリアからもちかえった版画は、自分にとってまったく新しい計画にとりくまなければならなかったレンに、大きな影響をあたえたと思われる。建設用地は、その大半が16世紀末と17世紀初頭につくられた雑多な建物でかこまれた中庭であるネヴィルズ・コートの4番目の側面、当時は野原とケム川に開かれていた場所に位置していた。レンは最初、中庭の中央に大きな丸天井のついた円形の図書館を建てようとしたが、結局はネヴィルズ・コートの一辺を完全に閉じる形になる細長い建物に変更する。その結果、この場所はイギリスのカレッジでもてはやされていた「クアドラングル」と呼ばれる閉ざされた中庭になった。1676年にはじまった工事は1686年に終わったが、内装に予定よりも時間と費用がかかったため、本が棚に並べられたのは1695年以降のことである。

　細長い長方形の建物には、東と西（野原側）の両側に正面^{ファサード}がある。その姿はかなり異なるが、ふたつとも同じ威厳に満ちた古典主義的な様式でつくられた。建物の長さいっぱいに広がる大閲覧室は、1階の開かれたアーチの土台の上に乗っているが、このアーチはレンが考えだした巧妙な二重の解決策をほとんど完璧に隠していると同時に、建物の独創的な構造をつくりあげている。まず、川沿いの土地は安定感に欠けるため、逆向きのアーチが地面に埋めこま

れ、柱の部分が上に伸びるようにして、その上に今度は正しい向きのアーチが置かれた。その結果、建物の強度が確保され、部屋を地面より数メートル高くすることで、湿気が本におよぼす影響も最小限に抑えることができた。次に、正面のアーチの上部は空間ではなく、そこにはティンパヌム〔アーチと横木にかこまれた半円形の壁面〕が設けられた。これは、閲覧室の床が一般的に考えられるようにアーチの上からはじまっているのではなく、それよりも低い、ティンパヌムの基部につくられたからである。つまり、アーチは壁と屋根を支え、外側の2列のアーチのあいだに隠された石の柱の列が閲覧室の床を支える構造になっている。こうすることで、室内には書棚の上に24（中庭側に11、庭園側に13）の巨大な窓をつくることができ、昼間でも雨がちでどんよりすることが多いこの場所に、じゅうぶんな明るさをもたらすことができた。古典的なモールディング〔壁面を立体的に仕上げる装飾材〕は、下のアーチの柱の部分では簡素で力強いドーリア式、窓の柱の部分では優雅なイオニア式が採用されている。

　内装には、レンの機能主義がはっきりと見てとれる。これは、同時代とそのあとのドイツ、オーストリア、イタリアの建築家たちが、バロック様式の複雑で快楽的な空間構成に夢中になったこととは、かなりの違いがある。奥行き58メートル、幅12メートル、高さ11.4メートルの広大な部屋はひとつづきだが、仕切り壁がわりの巨大な書棚を並べることで、部屋のふたつの長辺にそれぞれ11のアルコーブ〔壁面の一部につくったくぼみ状の空間〕がつくられた。アルコーブは、ひとつの面をのぞいて書棚と扉のついた棚でかこまれている。その中央にレンはどっしりとした机を置き、閲覧者が同時に複数の本を参照することができるよう、机の真ん中には回転する書見台を乗せた。彼はパリのマザラン図書館にあった「男性的な家具」に衝撃を受けて、これらの机と丈夫なスツールをデザインしたといっている。床は、足音が響かないように黒大理石と白大理石が市松模様に配置され

149

ROYAUME-UNI, CAMBRIDGE

イギリス ケンブリッジ

たが、アルコーブの部分は快適さを重視して寄せ木張りにされた。現在の格天井〔格子状にデザインされた天井〕は、当初から計画されていたものだが、完成したのは19世紀中ごろになってからである。装飾のために、レンは各書棚の上に彫像を置くことを提案した。「それは、崇高な装飾となるにちがいない。費用を抑えるために、フランドルの芸術家たちに石膏でつくってもらおうと考えている」。しかし、それでもかなりの出費になることがわかったため、結局、それらの石膏像が注文されることはなかった。そのかわりに、18世紀を通じて、寄贈者、フェロー、思想家、学者といった人びとの大理石像が集められた。1774年には、新しくつけ加えられたものが激しい非難の対象となった。レンは室内が自然光だけで照らされることを望んでいたのに、南向きの大きな窓にジャン・バッティスタ・チプリアーニが透明なガラスと七宝で制作した巨大なステンドグラスがはめこまれたのである。チプリアーニは時代遅れの奇妙なこのステンドグラスで、カレッジのミューズ〔学術と文芸の女神〕と思われる体格のよい婦人が、イギリスの哲学者フランシス・ベーコンの目の前で、科学者ニュートンをイギリス王ジョージ3世に紹介する場面を描いている。これは、白と黒と濃色のオーク材の世界に存在する唯一の色彩で、イギリスのきわめて偉大な建築家の計画を損なった文字どおりの汚点だといえるだろう。1845年には、イギリスの詩人バイロン卿の威厳のある彫像が閲覧室の奥に置かれた。デンマークの彫刻家トルバルセンが注文を受けて制作したこの像は、もともとはバイロン卿の墓に設置するためにつくられたものである。

現在のトリニティ・カレッジはケンブリッジ大学でもっとも広いカレッジで、その図書館も一番規模が大きい。レンは17世紀にしては途方もない数にあたる3万冊の蔵書を想定したが、いまでは30万冊を超えている。これは、由緒ある歴史と、有名無名にかかわらず大勢の卒業生やフェローたちの惜しみない寄贈によるものである。蔵書の一例として、12世紀の『エドゥイン詩編』や13世紀の『トリニティ黙示録』など1250冊の中世の写本、750冊のインキュナブラ〔1500年以前の活版印刷本〕、シェイクスピア研究をまとめたカペル・コレクション、科学者のアイザック・ニュートンが所有していた多くの本、1800年以前に出版された7万点の印刷物、イギリスの哲学者バートランド・ラッセルの原稿を含む現代の自筆原稿コレクション、オーストリア出身の哲学者でケンブリッジ大学の教授を務めたルートヴィヒ・ウィトゲンシュタインの個人的な資料があげられる。もちろん、12世紀初頭以降のイングランド王国の宗教的・知的歴史の全貌をあきらかにするトリニティ・カレッジの興味深い資料も所蔵されている。

サー・クリストファー・レンの図書館は、イギリスの古典主義建築のひとつの頂点となっている。数世紀のあいだ、アングロ・サクソン様式、ノルマン様式、初期ゴシック様式、垂直様式、チューダー様式、ジャコビアン様式といった「国独自の」作品が制作されたあと、イギリスの建築家たちはしばらくのあいだイタリアやフランスに目を向けたが、そのときも本来の歴史主義的な折衷主義を捨てることはなく、彼らの様式は19世紀に絶頂に達した。驚くことに、たとえばレンは1681年から82年にかけて、トリニティ・カレッジ図書館の建設と並行してオックスフォード大学のゴシック様式の扉もつくっている。このあとまもなく、レン、ウェッブ（ランポート・ホール）、タルマン（チャッツワース・ハウス）、ヴァンブラ（カースル・ハワード、ブレナム宮殿）の古典主義は、イタリアの建築家パッラーディオ、古代ローマの建築家ウィトルウィウス、才能あふれるイギリスの建築家イニゴー・ジョーンズ（1573〜1652年）から着想を得た新しい様式にとってかわられた。レンが建てたトリニティ・カレッジ図書館は、男性的な優雅さと厳格さと機能性をもった傑作であり、ヨーロッパで最初の大規模な近代的図書館のひとつとして、いまなおその姿をとどめている。

1749年から66年にかけて、著名な卒業生、とくにカレッジに多額の寄付をした卒業生を表現したいくつもの大理石像が購入されたり贈られた。それらの像の多くには、フランスの彫刻家ルイ・フランソワ・ルビヤック（リヨン、1700年ころ〜ロンドン、1762年）の署名が入っている。当初は4つの大理石像だけが置かれることになっていたが、1830年代にすべての像が図書館に収められた。レンは石膏像を希望したが、資金不足で注文することができず、かわりにこれらの大理石像となった。

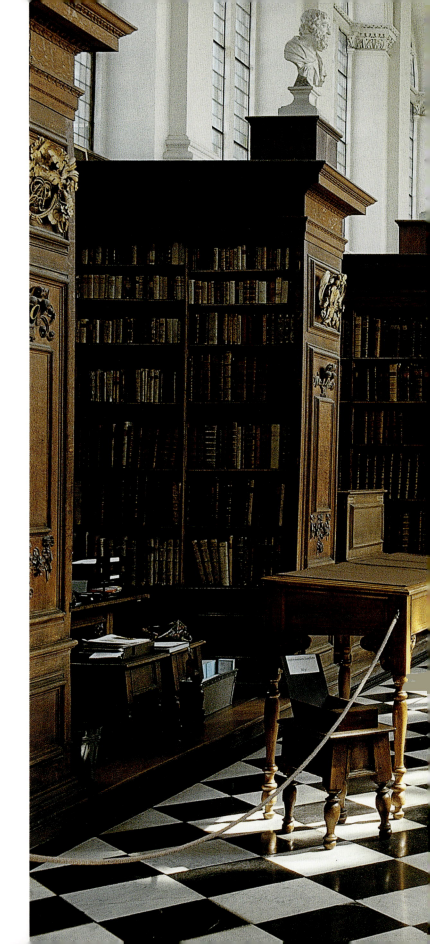

イギリスの詩人バイロン卿はトリニティ・カレッジの学生だったが、学業を軽んじていた。この彫像は、彼の死後、ウェストミンスター寺院の「詩人コーナー」に置くために、友人たちがデンマークの彫刻家トルバルセン（1770〜1844年）に注文したものである。しかし、ウェストミンスター寺院に受けとりを拒否され、トリニティ・カレッジの礼拝堂でも拒絶された。その後、しばらくのあいだ置き場所が決まらなかったが、1845年に図書館に設置されることとなった。

BIBLIOTHÈQUE JOHN RYLANDS

ジョン・ライランズ図書館

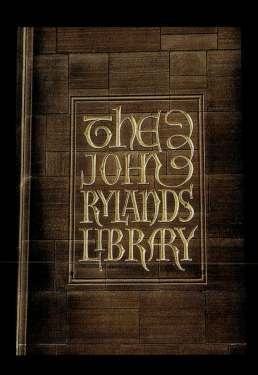

ROYAUME-UNI, MANCHESTER
イギリス
マンチェスター

ROYAUME-UNI, MANCHESTER

イギリス マンチェスター

修道院図書館と大学図書館の歴史は、似通ったものが多いように感じられるかもしれない。しかし、イングランド北西部のマンチェスターにあるジョン・ライランズ図書館は、それらとはまったく性質が異なる図書館である。この図書館の歴史は不可思議で、蔵書のすばらしさも含めて驚きに満ちている。

1843年にキューバのハバナでかなり低い身分の家に生まれたエンリケタ・オーガスティナ・テナントは、1865年ころにジョン・ライランズの秘書として雇われた。ジョン・ライランズは綿工業で財を成した実力者で、ふたりの妻を亡くし、子どもはいなかった。彼はおそらくこの若い秘書の道徳観念に魅了されたのだろう、1875年に74歳で彼女と結婚した。1万2000人の従業員をかかえる企業のトップだった彼は、イギリス屈指の裕福な企業家だったが、夫妻はきわめて不健康で汚染された工業都市マンチェスターに近いロングフォード・ホールの館で、質素な生活を送っていた。ふたりとも非常に敬虔な信者で（プロテスタントの一派であるメソジストだった）、ジョン・ライランズはもうけにならないことを承知の上で、参照時の助けとなるよう各節に番号を打たせた聖書の出版と普及のために出資している。1888年に亡くなったとき、彼は妻に当時としては莫大な金額である約260万ポンドの財産を残した。ぜいたくとは無縁で、社交界での生活にもまったく興味がなかったエンリケタ・ライランズは、夫の業績をたたえるために、人びとの役に立つ独創的な建物、つまりイギリス国教会とは異なる神学に関する書物を収める図書館の建設を決めた。彼女は、きわめてすぐれた女性だったにちがいない。孤独で、裕福で、聡明で、高等教育を受けていないにもかかわらず、わずか数年間でイギリス有数の見事な個人図書館を建て、20世紀初頭の並外れた稀覯本コレクションをつくりあげてしまったのである。

ときを置かず、町の中心地に建設場所が決まり、建築家もすぐに選ばれた。厳格に宗教の掟を実践していた当時の女性として、また

神学書を収める図書館であることから、ヴィクトリア時代の美的順応主義と照らしあわせて、建築様式はゴシック様式、というよりはむしろネオ・ゴシック様式以外にありえなかった。事実ジョン・ライランズ図書館は、ヴィクトリア時代の建築家たちがそのなかにあらゆる可能性を見ていたと思われる、この様式の最後の化身のひとつなのである。建築家サー・バジル・チャンプニーズ（1842～1935年）は、イギリスの建築のイメージをつくった巧みに洗練されたこの国の折衷主義を実践した最後の世代に属していた。既成の権力組織から高い評価を受けていた彼は、瀟洒なクイーン・アン様式でケンブリッジ大学のニューナム・カレッジを建設し、修道院をモダンにしたような初期ゴシック様式でオックスフォード大学のマンスフィールド・カレッジを建てている。そのほかたくさんの成功例があったことから、エンリケタ・ライランズは彼に仕事を依頼することにしたのである。

高さがそろった塔のある建物の正面は、すでに小さな大聖堂を思わせるが、宗教建築物と似ている部分はそれだけではない。たとえば大閲覧室は、教会の大きな身廊〔中央の細長い広間の部分〕のようにデザインされた。その両端は、ふたつの巨大なステンドグラスの壁で閉ざされている。この部屋に通じる少しばかり急でおごそかな階段の上には、曲線状の補強構造、格子状にデザインされた部分、アーケード状装飾、扇状の穹隅〔力を四隅に流すための曲面三角形の部分〕、明かり窓などが組みあわされた複雑な丸天井がある。それらは、かなり以前から鉄骨構造が存在していたヴィクトリア時代に、石工たちが依然としてすぐれた能力をもちつづけていたことを華々しく証明している。

チャンプニーズは、評判通り洗練された建物をつくった。ごく小さな部分にまで気を配ったことで、この図書館は19世紀末のイギリス

158

ジョン・ライランズ図書館

の威厳に満ちた建築物が、おおやけのものであれ個人のものであれ、究極の域に達した一例を見せている。エンリケタ・ライランズに促されて、彼は最高の材料を探し、（時代遅れの建築表現を前にして、人びとは別のことを考えたかもしれないが）建物とコレクションが長く存続できるよう、もっとも現代的な技法を探った。建物全体は、汚染に対する耐久性が強いことで知られるイングランド北部カンブリア産の「シャーク」と呼ばれる灰色とバラ色の砂岩で建てられた。木工細工にはすべて、そのころ入手できたもっとも良質な木材であるポーランドのオーク材が使われている。当時としては革命的なことに、この図書館ではすべての部屋に、自前の発電機によってまかなわれる電気の照明がつけられた。この近代的な設備は、閲覧者たちによりよい明かりを提供すると同時に、ガス照明がもつ欠点、つまりさまざまな汚染やにおいや火災の危険性を避けることができた。電線は、ショートする可能性を減らすために銅管のなかを通された。さらにすばらしいことに、この図書館には一種の空調設備があった。窓は開閉せず、各部屋の空気は換気用の導管を通り、木炭フィルターで濾され、加湿されて暖められたあと、ふたたび部屋に戻るというしくみで、新鮮な空気がたえず循環するようになっていた。こうすることで、ひどく汚染された町なかの空気が本に対してあたえる悪影響を最小限にとどめることができたのである。

　装飾は、建築よりもさらに折衷的である。銅や真鍮製のシャンデリアやそのほかの照明類にはアール・ヌーヴォー〔19世紀末から20世紀にかけてヨーロッパで流行した、曲線や曲面が特徴の装飾様式〕がとり入れられ、ゴシック様式の内壁面仕上げは、ときにアーツ・アンド・クラフツ〔19世紀後半のイギリスで起きた美術工芸運動〕を思わせる。大閲覧室の両端、C・E・ケンプの手によるステンドグラスの下には、キャシディが制作したジョン・ライランズとエンリケタ・ライラン

ズ夫妻の「現代的な」大理石像が立っている。広間をとりまく上の階の回廊には、宗教、文学、科学、出版の歴史上、偉大な人物の砂岩像が配置された。閲覧者は、大きな透明ガラス窓から外の光がふんだんに入る快適なアルコーブ〔壁面の一部につくったくぼみ状の空間〕を使うことができる。豪華だが地味、ネオ・ゴシック様式だが現代的なジョン・ライランズ図書館は、10年間の工事を終えて、1900年1月1日に開館した。建設費用は、50万ポンド以上かかっている。建物そのものについては誰もが感心したわけではないが、蔵書に関しては事情が異なった。愛書家ならばみな、一刻も早く見たくて待ちきれないほど、この図書館のコレクションは際だっていたのである。

　1890年以降、エンリケタ・ライランズは、そのときまでイギリス国教会ではない神学、それ以上にカトリックではない神学にほとんど特化されていた夫のコレクションをかなりの規模で増やしている。彼女は、宗教小冊子協会書記のグリーン博士に、本の購入に関する仕事を任せた。1892年にロンドンを訪れた際、グリーンはスペンサー伯爵の邸宅であるオルソープ図書館が売りに出されていることを知る。数日後、エンリケタ・ライランズは21万ポンドを提示し、それを買いとった。オルソープ図書館は、イギリス国内でもとくにすばらしい稀覯本が集まっている図書館として知られていた。この見事なコレクションをつくりあげたのは、海軍卿と内務大臣を務めた第2代スペンサー伯爵ジョージ・スペンサーである（彼はウェールズ公妃ダイアナの先祖でもある）。彼はハンガリーの複数の図書館を丸ごと購入し、フランス革命時とフランス革命後に散逸した名高い蔵書類を手に入れ、イングランド初の印刷業者ウィリアム・キャクストン（1422〜91年）が出版した書物をとりわけ熱心に収集していた。彼の蔵書のなかには、きわめて稀有な作品が数多くあった。たとえば、グーテンベルク聖書、ローマの詩人ウェルギリウスの1467年の作品、ローマの詩人

ROYAUME-UNI, MANCHESTER

イギリス マンチェスター

ホラティウスの1474年の作品、ローマの哲学者キケロのインキュナブラ〔1500年以前の活版印刷本〕が78冊、キャクストンが出版した本が約50冊という具合である。1836年に亡くなったとき、彼の図書館には4万冊以上の蔵書があり、パリの大商人で愛書家のルヌアールは「ヨーロッパでもっとも見事な個人図書館」だったと評している。

イギリスには、もうひとつ別の有名な個人図書館があった。第25代クロフォード伯爵で第8代バルカレス伯爵でもあった、アレグザンダー・リンジーが所有していたアレグザンダー図書館である。彼は若いころから本に対する情熱にとりつかれ、「稀覯本をやみくもに集めた図書館ではなく、この上なく有益で、興味深く、古いものも新しいものも、文学のあらゆる分野に属する書物を収めた本物の見事な図書館」をつくるという目標をもっていた。当主になると、彼はヨーロッパ全土で、さらには中国や日本からも、途方もない数の本を購入しはじめる。こうして、フランス革命やアメリカ独立戦争に関する貴重な歴史的資料、イタリアのボルゲーゼ家が所蔵する教皇勅書、エジプトのファイユームで発見されたパピルスなどを手に入れた。それらは自邸のハイ・ホールに置かれていたが、農業収入が激減したときに、彼は何冊かの貴重な作品を手放している。その後、1901年には、蔵書の大半を売りに出す羽目に陥った。クロフォード伯爵家では図書目録をつくっていなかったのでメモ書き程度の説明しかなかったが（西ヨーロッパの写本が663冊、オリエントの写本が2425冊、中国の写本が464冊、日本の写本が231冊など）、エンリケタ・ライランズはなにもいわずに15万5000ポンド支払い、すぐにそれらを獲得した。1924年には、第27代クロフォード伯爵が、フランス革命に関する歴史的資料の大半、教皇勅書、現存するもっとも古い新約聖書の写本「ヨハネによる福音書」の1ページを、貸しだす形でジョン・ライランズ図書館に預けている。

1908年にエンリケタ・ライランズが亡くなったとき、図書館にはきわめて質の高い蔵書が5万冊以上あった。数々の遺贈のおかげで、その後の数十年間で印刷本が8万冊、写本が3000冊増えたため、建物の裏手が増築された。しかしまもなく経済危機が訪れ、つづいて第2次世界大戦が勃発し、インフレショーンが起きると、ライランズ財団の収入は激減する。結局、1972年に理事会は、ジョン・ライランズ図書館とマンチェスター大学図書館の合併を不本意ながら受けいれた。その後、2003年から08年にかけて大規模な改良工事が行なわれたが、そのなかには、見学者をむかえるための非常に近代的な新しい翼の建設も含まれている。

しかし、物語はこれで終わりではない。1986年、ジョン・ライランズ研究所の設立にともなって建物を整備しなければならなくなったとき、その費用を捻出するためにマンチェスター大学は100冊近いインキュナブラを競売にかけることを決めた。その結果、アメリカの美術館が時折コレクションの一部を売却するときに起きる議論を思わせる激しい論戦が展開された。これほど大規模な図書館が、貴重な蔵書を売ってもよいのか、という論争である。クロフォード伯爵家の相続人の答えは、はっきりしていた。1988年に、彼は先祖たちが預けた資料や書物をすべてジョン・ライランズ図書館から引きあげ、スコットランド国立図書館にそれらの管理を任せたのである。

研究者や、目録や辞典類を調べる閲覧者のために設けられている回廊下のアルコーブ〔壁面の一部につくったくぼみ状の空間〕は、自然光で気持ちよく照らされている。この図書館は、マンチェスターで電気の照明がつけられた最初期の建物のひとつでもある。

この図書館では、もはやこれほどの規模ではめったに残されていないヴィクトリア時代の木工職人、家具職人、木彫刻家たちのすぐれた知識と技量の跡を見ることができる。ここの家具で使われているのは、ポーランドのオーク材である。

当時の著名なステンドグラス作家チャールズ・イーマー・ケンプ（1837～1907年）が制作したステンドグラス。修道士になることができなかった彼は、中世美術からインスピレーションを受けた豪華なステンドグラスをつくることで、自分の信仰を示す道を選んだ。

左／アイルランド出身の彫刻家ジョン・キャシディ（1860～1939年）が制作したジョン・ライランズの大理石像。

165

回廊にあるアルコーブのひとつ。

右／大聖堂のような大閲覧室。両端には、ジョン・キャシディが制作したジョン・ライランズとエンリケタ・ライランズの像が向きあう形で置かれている。

Bibliothèque de Trinity College

トリニティ・カレッジ 図書館

Irlande, Dublin
アイルランド
ダブリン

IRLANDE, DUBLIN

アイルランド ダブリン

毎年20万人の観光客が、ダブリンのトリニティ・カレッジ図書館に入館する。その大半は、有名なミサ用福音書の『ケルズの書』を見るためにやってきた人びとである。「中世後期のヨーロッパからもたらされた、もっとも豪華な本」(イギリスの歴史学者ピーター・ブラウン)とされている『ケルズの書』は、12世紀末に、すでにウェールズの知識人ギラルドゥス・カンブレンシスを魅了していた。彼はこの本について、こういっている。「人間の作品ではなく天使の作品だといわれても、信じてしまうかもしれない」。実際には、一般の人びとが見ることのできる『ケルズの書』は、スイスで制作され、1990年にアイルランド系カナダ人たちから図書館に贈られた見事な複製である。オリジナルの『ケルズの書』は破損する危険があるため、目にすることができるのは、ごく一部の研究者にかぎられている。おそらく、人類にとって重要な美術品が最後に行き着く先は、空調設備の整った金庫なのだろう……。

トリニティ・カレッジは1592年に、アイルランド女王でもあったイングランド女王エリザベス1世によって創設された。カトリックが深く根づいていたアイルランドに、「正しい」宗教、つまりイギリス国教会を確実に普及させる、というのがはっきりと示された目的だった。この目的が達成できたとはいえないが、トリニティ・カレッジはイギリスの大学界で屈指の威信を誇るカレッジとなった。図書館はカレッジの創設後ほどなく、1601年に、最初はわずか30冊の印刷本と10冊の写本をもとにつくられたが、その後すぐに、ある程度の数を購入することで蔵書は充実した。しかし、トリニティ・カレッジ図書館の名前が知られるようになったのは、ジェームズ・アッシャーの蔵書を彼の死後に獲得してからのことである。イギリス国教会の系統に属するアイルランド聖公会の大主教アッシャーは、博学で熱狂的な愛書家で、『ケルズの書』を「発見」したのも彼だった。1世紀後、本は山のように

集まったが、図書館としてつくられたわけではない部屋に雑然と置かれていたため、居心地が悪く、利用者は激減した。そこで、1709年に大学当局は新しい建物の建設を決めたが、できたばかりの棚に「本を整理するため」ハドソンという人物に60ポンドを支払ったという記録が出てくるのは、1733年のことである。工事にあたってオックスフォードやケンブリッジにあったさまざまな図書館(とくにレン図書館)が比較検討され、必要なものが念入りに分析された。建築家として一も二もなく選ばれたのは、アイルランドに居住し、確かな手腕を誇っていた唯一の人物トーマス・バーグである。こうして、トリニティ・カレッジ図書館は彼の無二の傑作となった。

ケンブリッジ大学の図書館を建設したレンのように、また彼と同じく本を湿気から守るという理由で、バーグはとくに優雅さを考慮することなく、ピロティのかわりとなる二重の堅固なアーチの上に細長い長方形の建物を建てた。

閲覧と蔵書の保管に使われる大広間は、63.78×2.27メートル、高さ15メートルで、まだそれほどの規模ではない図書館にしてはかなりの広さがあった。窓をふさがずに、つまり自然光をとりいれつつ多くの本を並べるために、バーグは窓をかこむように仕切り壁がわりの書棚を配置し、部屋のふたつの長辺にそれぞれ連続する20のアルコーブ〔壁面の一部につくったくぼみ状の空間〕を設けた。こうしてできたストール(個人閲覧席)には、ベンチと、本を参照しやすいよう傾斜のついた机が備えられた。昔の版画を見ると、この図書館には光がふんだんに入ってきていたことがわかる。自然光だけでじゅうぶん明るかったので、電気の照明は1960年まで設置されなかった。また、探している本をすばやく見つけるために、すぐれた分類方法が考案された。北側のアルコーブにはAからWまで、南側にはAAからWWが表示され、それぞれのアルコーブを形成している棚にも、

BIBLIOTHÈQUE DE TRINITY COLLEGE

トリニティ・カレッジ図書館

片方にはaからo（あるいは、それ以上）、もう片方にはaaからooと記されて、本にはすべて番号がつけられたのである。この方法は、1830年まで使われた。

　1801年以降、図書館の姿は一変する。この年、イギリスの議会が国内で出版されたすべての本を図書館に収める法定納本制度を定め、トリニティ・カレッジ図書館はアイルランドのために1部ずつ本を受けとる権利を得た。その結果、1840年代はじめに、バーグが建設した「ロング・ルーム」は9万冊の本でいっぱいになり、毎年新しく届く1000〜2000冊の本を並べることがしだいに困難になった。その後、1856年に屋根の耐久性に関する問題がわかると、大々的な策を講じる必要が生じた。一種のコンペが行なわれた結果、建築家ディーンとウッドワードの案が採用される。それは、天井と屋根のあいだにある空間を有効利用するために、それまでのモールディング〔壁面を立体的に仕上げる装飾材〕がついた平たい天井をとりこわし、そのかわりに木で半円筒型の丸天井をつくり、回廊の上をさらに高くするというものだった。この案はすぐに実行に移されたが、保守主義者たちから激しく非難された。しかし現在では、とても19世紀につくられたものとは思えないという高い評価を受けている。この大工事のおかげで（1階の二重のアーチの中央に柱をつくって建物全体を補強し、その後、そのアーチをふさぐ工事も行なわれた）、さらに8万6000冊の本を収めることができた。しかし、法定納本制度によって押しよせる本の波との戦いには終わりがない。たえず本が増えつづけたため、それらは少しずつ大学のほかの建物に移され、ついには1963年から67年にかけて大規模な拡張工事が行なわれた。

　現在「ロング・ルーム」に置かれているのは、めったに閲覧されないか、けっして閲覧されることのない古い本だけである。しかしこの場所は、トリニティ・カレッジ図書館の歴史上、重要な場所でありつづけている。なぜならこの図書館は、当時としては一般的なことでは

なかったが、知識と学生たちのために建てられたのであって、大学の威信や、より大きな神の栄光のために建てられたのではないからである。この図書館には、エジプトのパピルス類、アイルランドの歴史に関する資料、アイルランドの劇作家で詩人のシングとイェイツ、アイルランド出身のフランスの劇作家で詩人のサミュエル・ベケットの自筆原稿、数えきれないほどの昔の作品のほかに、6〜9世紀の7つの写本が所蔵されている。見事な装飾文字による『ダロウの書』、病人をはげますための『ディンマの書』、先ごろページが整えられた福音書である『モリングの書』、アイルランドで発見されたもっとも古い新約聖書である『アーマーの書』、ヨーロッパを旅した修道士たちが制作したと思われる『ウッセリアヌス・プリムス』、角のように硬い犢皮紙〔牡牛の皮を加工したもの〕に書かれて彩色装飾がほどこされた『ウッセリアヌス・セクンドゥス』、そして『ケルズの書』である。長いあいだ、『ケルズの書』は聖コルンバ（521〜597年）のものとされてきた。アイルランド・アルスターの王族だった彼は、福音書の複製をつくり、彩色装飾をほどこす生活を送っていた。しかし、許可なく福音書抄録集を書き写したため国を追われ、スコットランドのアイオナ島に逃れる。彼の影響下で、アイオナ島はケルト系キリスト教の拠点となった。

　その後、ヴァイキングの度重なる襲撃を受けたため、修道士たちは島を離れて、ダブリンの北西に位置するケルズに移った。アッシャー大主教が手に入れるまで、『ケルズの書』はその地にあったという。しかし現在では、この本の制作年代は800年ころだということがわかっている。つまり、聖コルンバの死後だいぶたってからつくられた。『ケルズの書』の複製を前にして、そのすばらしい出来栄え、彩色挿絵の洗練された力強さ、優雅な文字に感嘆するとき、われわれは同時に、これほどまで見事にオリジナルを再現したきわめて野心的な試みにも賛辞を送らなければならないだろう。

1726年以降、それぞれのアルコーブの入口や回廊の上に、何十もの大理石像が置かれた。ルビヤック、ファン・ノスト、シェーマーケルスといった当時の著名な彫刻家たちによって制作されたこれらの像は、哲学者、詩人、歴史家などを表現したものだが、時代がくだるにつれて、トリニティ・カレッジの学部長や教授たちを対象とする像も増えた。

174〜175ページ／現在、大閲覧室で本を読むことはできない。しかし、いまでも古い蔵書が並んでいる。

BIBLIOTHÈQUE NATIONALE

プラハ国立図書館

RÉPUBLIQUE TCHÈQUE, PRAGUE

チェコ
プラハ

RÉPUBLIQUE TCHÈQUE, PRAGUE
チェコ プラハ

修道会はたびたび、ときにカトリック教会の利害とみずからの
利害が一致しない世俗の権力者が原因で、その宗教的な
目的を達成できないことがあった。たとえば1556年に、神聖ローマ
皇帝でボヘミア王のフェルディナント1世は、ヴルタヴァ川のほとりに
あったプラハのドミニコ会修道院である聖クレメント修道院の廃墟を
イエズス会にゆだねた。プロテスタントの思想に傾倒し、地元の貴
族階級に感化されていたプラハ大学の影響力を弱めるために、闘
争的な修道士たちが必要だったからである。改革派のフス派とフス
派を異端としたカトリック教会のあいだで起きた争いの記憶はまだ
新しく、神聖ローマ帝国を支配していたハプスブルク家は、属領の
ボヘミア王国をドイツ化し、カトリック化を強力に推し進めていた。あ
りとあらゆる必要な支援を受けたイエズス会は、1622年以降、プラ
ハ大学の経営に携わるまでになる。1653年には、1601年に自分た
ちが建てた聖サルヴァートル教会の裏手に、もともとはたんなる学校
として計画されたクレメンティヌムの建設を開始した。建設にあたっ
て、3つの教会と30以上の家がとりこわされている。イタリアの建築
家カルロ・ルガーロ（1618～84年）が工事をはじめたが、1658年
に、プラハに見事なバロック様式の広大なチェルニン宮殿を建てたイ
タリアの建築家フランチェスコ・カラッティ（1679年没）がルガーロの
仕事を引きついだ。しかし工事は遅々として進まず、1世紀のあいだ
にチェコとイタリアの8人の建築家が交代したあと、ようやくこの町で
フラッチャニ〔プラハ城周辺地区〕に次ぐ一番広大な建物群が完成
した。

　クレメンティヌムは、いわば大学総合施設である。ヴルタヴァ川に
かかるカレル橋のすぐ近くに位置し、格子状に直交する道路が引か
れた図面によると、2ヘクタールの面積をしめている。敷地内には長
方形の中庭が4つつくられ、鐘楼や巨大な入口やデンマークの天文

学者ティコ・ブラーエが使った観測装置が集められた天文塔のある
細長い翼でかこまれた。1721年から27年に、フランチシェク・カニュ
カはイエズス会の学校があった場所に図書館をつくった。この図書
館はプラハ屈指の豪華なバロック建築の代表例である。ボヘミア、
それにつづくチェコスロヴァキアは激動の歴史を経験したが、この図
書館は18世紀初頭に建てられた姿を守っている。イエズス会修道
士たちが収集した本は白い表紙で製本され、赤字でタイトルがつけ
られた。それらは、当時禁じられていたチェコ語をのぞくありとあら
ゆる言語で書かれた神学文献の一大コレクションを形成している。
木でできた螺旋形の円柱、装飾的な凹凸が複合的なリズム感を生
みだす回廊、金色に塗られた錬鉄製の手すり、金色の柱頭や縁飾
り、コントラストが際だつ床の大理石のモザイクが、それぞれ独立し
た美しさをもちながら優雅に調和している様子は見事である。視線
は自然と天井に向く。そこには、宮殿を兼ねていたドクサニ修道院の
まばゆいフレスコ画の作者であるヨハン・ヒーベルのだまし絵の傑
作がある。室内全体の図像構成は、3つの層からなる。窓枠の側面
にはチェーザレ・リーパ（1560～1623年ころ）がローマで著した『イ
コノロギア』から借用した象徴が模写された。つまり、四大元素〔土・
水・空気・火〕、美徳、知恵など、さまざまなテーマに関する326の象
徴的な図案が表現された。中間の回廊部分には、著名なイエズス
会修道士たちの肖像が描かれている。しかし、なによりも目を引くの
は天井である。リーパはここに手すりを描き、そのうしろに教会の歴
史のなかで重要な人物たちを配置して、3つめの階があるように見
せかけた。中央の部分には聖なる書物〔聖書や教父たちの著作な
ど〕について思いをめぐらせることのできる丸天井が描かれ、その
両脇では、北側は7人のミューズ〔学術と文芸の女神〕、南側は預言
者モーセとエリヤのあいだで変容するイエス・キリストを題材とした
ふたつの大きな作品が展開されている。この天井画が示しているの

BIBLIOTHÈQUE NATIONALE

プラハ国立図書館

は、古代ギリシア・ローマの知恵が聖書の預言者たちの知識やカトリック教会の教えを導くということである。床に並んだ地球儀と天球儀は、クレメンティヌムで制作されて装飾されたもので、天と地を具体化している。

　この図書館がイエズス会によって管理されていたのは、わずか50年ほどである。イエズス会は1773年にローマ教皇によって解散させられたため、クレメンティヌムはプラハ大学が管理するようになり、図書館は神聖ローマ帝国の共同統治者でボヘミア女王マリア・テレジアの保護下に置かれて、帝立王立大学公共図書館となった。その後、現在にいたるまで、この図書館の役割は変化していないが、何度か名前を変えたあと、1990年以降は国立図書館と称している。

　現在、バロック様式の部屋には、600万冊の蔵書のうち、ごく一部だけしか置かれていない。この図書館では、毎年8万冊以上の本が増えているが、その大部分が法定納本によるものである。プラハ大学に図書館がつくられた1366年がこの図書館の創設年だという少々都合のよい主張にもとづくと、ここはヨーロッパで一番古い国立

図書館ということになる。歴史に関する蔵書はおもにボヘミア史が中心だが、パピルスに書かれたオリエントやギリシアの写本も数多く存在する。また、ボヘミア王でもあった神聖ローマ皇帝カール4世が1366年の図書館創設時にプラハ大学に贈った古文書も所有しているが、そのなかには、初代ボヘミア王ヴラチスラフ2世が戴冠した1085年に複製が制作された『ヴィシェフラド・コデックス』や、プラハ城の敷地内につくられた聖イジー修道院の写字室で書かれて彩色装飾がほどこされた『女子修道院長クンフタの殉教伝』がある。さらには、デンマークの天文学者ティコ・ブラーエの蔵書の一部や、キンスキー家やロプコヴィッツ家の図書館など、17世紀と18世紀の大図書館の蔵書も収められている。音楽部門には、モーツァルトの貴重きわまりない資料をはじめとして、プラハで活躍した偉大な音楽家たちの輝かしい業績をしのばせる数多くの所蔵品がある。トマーシュ・マサリク、エドヴァルド・ベネシュ、ヴァーツラフ・ハヴェルといった20世紀の政治家たちなど、多くの著名な人物が通ったこの図書館は、中央ヨーロッパの文化史と宗教史に関する知識を提供するという重要な役割をはたすとともに、絶頂期のバロック美術の輝かしい証拠でありつづけている。

BIBLIOTHÈQUE NATIONALE
プラハ国立図書館

彫刻、絵画、高級家具、スタッコ（化粧漆喰）、錬鉄、金色に塗られた木。ありとあらゆ
る芸術と応用芸術が豊かな装飾となり、すべての空間を満たしている。

現在、メインホールは、めずらしい版の書物や16〜17世紀の地球儀コレクションなどを展示した美術館となっている。

ヨハン・ヒーベルがだまし絵の手法で描いたまばゆいばかりのフレスコ画は、視線を上のほうへと吸いこみ、広い部屋をさらに広く見せる効果がある。手前にあるのは、1724年に注文された天球儀。

右／イエズス会修道士でクレメンティヌムの数学教師だったカシュパル・プフリーガーが制作した鉄板製の天球儀。星座が描かれているこの天球儀は、1727年に図書館に収められた。台のなかに機械装置が隠されており、自動で回転する。

BIBLIOTHÈQUE DU MONASTÈRE
ROYAL DE L'ESCORIAL

王立エル・エスコリアル修道院図書館

ESPAGNE, SAN LORENZO DEL ESCORIAL
スペイン
サン・ロレンソ・デ・エル・エスコリアル

ESPAGNE, SAN LORENZO DEL ESCORIAL

スペイン　サン・ロレンソ・デ・エル・エスコリアル

「ハプスブルク家の常軌を逸した発展」(フランスの歴史家P・ド・ヴェシエール)に対抗したふたりのフランス王、フランソワ1世と息子のアンリ2世は、1519年からつづいた7つの戦争でみずからの力を使いはたし、国を疲弊させた。1557年にフランス北部サン＝カンタンで行なわれた戦いで手ひどく敗北したフランスは、一連の戦争に終止符を打ち、カトー＝カンブレジ条約を結んでイタリア進出の野望を捨てた。こうして、神聖ローマ皇帝カール5世を相手にはじまった争いは、オーストリアをのぞく全領土を父から受けついでスペイン王となった息子フェリペ2世の勝利で終わったのである。サン＝カンタンの戦いを記念するため、敬虔なフェリペ2世は、フランス軍に勝利した日の守護聖人である聖ラウレンティウス(サン・ロレンソ)に捧げる修道院の建設を決めた。

　王立サン・ロレンソ・デ・エル・エスコリアル修道院は、このようにして誕生した。また、フェリペ2世には、イタリアのフィレンツェやヴェネツィアにあったような「公共」図書館をつくりたいという気持ちがあった。最近までカスティーリャ地方の中心都市だったバリャドリッドですでに名の知られていた大学が、そのような図書館に理想的な場所と思われた。しかし、国王は中世の修道院図書館が好きだったため、新しく建てるサン・ロレンソ修道院のなかに蔵書を収めることを決意する。意外なことに、彼は人里離れた場所、マドリードの北に位置するグアダラーマ山脈のふもとの村エル・エスコリアルを選んで修道院を建設し、その修道院をヒエロニムス会にゆだねた。ヒエロニムス会は、ユダヤ人やムーア人〔北西アフリカのイスラム教徒〕の血が入っていない「青い血」の修練士〔修道誓願を立てる前の者〕しか受けいれない修道会で、とくにすぐれた歌声の合唱団で知られていた。蔵書は修道士たちの役に立ち、「それらを読みたいとやってくるすべての文学者のためになるもの」でなければならなかった。現在よりもさらに当時は不便な場所にあったこの図書館では、そ

のような望みが実現することはあきらかに難しかったため、詩人のルイス・デ・レオンは、「これらの本は、埋蔵された宝物になるだろう」といっている。長いあいだスペイン人から世界の8つめの不思議とみなされてきたエル・エスコリアル修道院は、ミケランジェロがヴァチカンのサン・ピエトロ大聖堂を建てたときに助手を務めていた建築家フアン・バウティスタ・デ・トレドによって設計された。その格子状の図面は、鉄格子の上で火刑に処せられて殉教した聖ラウレンティウスを思いおこさせる。1567年にフアン・バウティスタ・デ・トレドが亡くなると、助手のフアン・デ・エレラが「国王陛下の建築家」となり、もともとの計画に彼自身の洗練された様式、つまり、ほとんど抽象的とまでいえる簡素で力強いドーリア式の要素がつけ加えられた。その結果、スペインを代表する建築様式による最初の大建造物が誕生したのである。この規模の建物ではめったに見られない飾り気のなさ、本物の気品や荘厳さをもち、淡い色の石で建てられたこの王立修道院は、面積が4万5000平方メートル以上あり、少なくとも15の中庭をかこむ回廊、300の個室、86の階段、9つの塔、14の入口の広間、1200の扉がつくられた。教会は1586年に聖別〔聖なる使用にあてるために世俗的使用から区別〕され、その後、全体が完成したのは1654年のことである。

　フェリペ2世の計画は、人文主義的な発想から生まれたものだった。彼にとって、知識は本のなかにだけ存在するのではなく、地図、地球儀、絵画、科学機器、遠い国から船でもたらされた無数のめずらしいものや不思議なもののなかにも存在した。王立図書館は、ふたつの階で5つの部屋からなっている。

　印刷本の広間とも呼ばれているメインの部屋は、建物自体の簡素さとはかなり対照的なフランボワイヤン様式〔装飾が燃えあがる炎のような印象をあたえる様式〕で華やかに装飾された。驚くことにこの

190

BIBLIOTHÈQUE DU MONASTÈRE ROYAL DE L'ESCORIAL
王立エル・エスコリアル修道院図書館

部屋は、相当大きい（54×9×10メートル）にもかかわらず、並んでいる本の数は少ない。フアン・デ・エレラによって設計された棚は、高さが壁の半分に満たないくらいで、下から80センチメートルのところには、本が読みやすいよう傾斜のついた書見台が備えられている。床全体には、色あいが異なる3種類のグレーの大理石タイルが敷きつめられた。部屋を飾るフレスコ画は、その大半がホセ・デ・シグエンサ神父の図像プランをもとにペッレグリーノ・ティバルディ（1527〜96年）が描いたものである。半円筒型の丸天井は7つに仕切られて、自由七科（リベラル・アーツ）、つまり中世の西ヨーロッパで必須の教養科目だった文法、修辞学、論理学、算術、音楽、幾何学、天文学が表現されている。部屋のふたつの長辺に並ぶ棚の上の帯状の空間には、天井で描かれた自由七科に対応する逸話を題材とした装飾が施された。たとえば、文法にあたる箇所はバベルの塔がテーマとなっているが、これは、カール5世の帝国のように広大な国のなかでさまざまな言語を知ることの価値を象徴している。部屋の両端にあるふたつのティンパヌム〔アーチと横木にかこまれた半円形の壁面〕では、北側は哲学（獲得される知識）、南側は神学（啓示される知識）が表現されているが、この場所が宗教施設であることをはっきりと示している装飾は、この部分だけである。

　このちょうど上の階にある広間は、メインの部屋と同じ大きさで、以前は異端審問所によって差し押さえられた禁書が収められていた。現在はほとんどなにも置かれておらず、見るべきものはない。

　メインの部屋と直角に交わる夏の広間は、ふたつにわかれており、大きいほうにはギリシア語とラテン語の写本が、小さいほうにはそのほかの言語、とくにアラビア語の写本が置かれている。以前は地図や図面や計算道具もあったが、現在は、デンマークの天文学者ティコ・ブラーエの肖像が描かれた天球儀と、当時の地理的発見をもとに1660年に制作された地球儀しかない。エル・エスコリアル修道院

図書館の数々の宝物は、さまざまな時代にマドリードの博物館や王宮に移されたからである。

　古い写本が収められている写本の間は、修道士たちの衣服置き場を1862年に改装してつくられた。ここには、自由七科をテーマにした18世紀の寓意画が14枚と、著名な人物の肖像画が飾られている。アラエホス神父の間は1671年の火災で損傷し、もともとの装飾を失った。

　このほかに、目録を調べたり本を読むための自習室が1875年につくられた。

　エル・エスコリアル修道院図書館の現在の蔵書は、印刷本は4万5000冊程度だが、写本は5000冊もある。それらの高い品質は、本と文書全般に熱中していたフェリペ2世の野心をあらわしている。その治世が「書類による統治」と呼ばれたほど、彼は仕事に関する事柄を文書で残すことに執着し、つねに報告書を書くよう要求した。エル・エスコリアルで過ごしていたとき、彼は1日で400以上の書類に署名をしたという。フェリペ2世は相続によって、たくさんの貴重な写本を所有していた。神聖ローマ皇帝ハインリヒ3世のために書かれた『黄金の福音書抄録集』、長いあいだ聖アウグスティヌスによって書かれたと考えられていたが実際にはもっとあとの時代のものであることがわかった『幼児洗礼について』、4世紀の神学者である聖ヨハネ・クリゾストモのものだったと思われる福音書抄録集などがあげられる。本物の愛書家だったフェリペ2世は、以前の所有者によってさらに価値が上がる特別な本を探していたようである。たとえば、トレドの異端審問所からは、スペインの神秘家アビラのテレサ自筆の有名な自叙伝を首尾よく入手している。また、叔母のマリア・フォン・エスターライヒのものだった「ヨハネの黙示録」をとりもどすことにも成功した。アラゴン、カスティーリャ、カタルーニャ、オランダ、フラン

ESPAGNE, San Lorenzo del Escorial

スペイン サン・ロレンソ・デ・エル・エスコリアル

ドルなど、彼は自分の領土のあらゆる場所で稀覯本を探索させて購入させた。その際、彼の好みを知っていた修道院長たちは法外な金額を要求したが、容赦なくやりこめられたという。ナポリを支配していたスペイン人の王たちの蔵書の大半も手に入れたが、そのなかにはギリシア語の法典や西ゴート王国〔5世紀から8世紀に現在のフランス南部からイベリア半島を支配したゲルマン系王国〕の写本が大量にあった。さらに、自分が創設した異端審問所が禁書にした本の一部も獲得している。晩年、彼の蔵書は、写本が2820冊(そのうち1870冊はアラビア語で書かれたもの)、印刷本が1700冊あった。ヒエロニムス会には、学問の伝統がなかった。最初の司書を務めたアリアス・モンタノは、言語と媒体(印刷本か写本か)で64の部門に分類するという、みずから考案した方法で本を並べた。それぞれの本の背に貼られたラベルは大きすぎて、隣の本を隠してしまうほどだった。利用者たちは、この本の配置がわかりにくくて「ぞっとする」といっている。もっとも、フェリペ2世は、太陽の光から守るために本の背を壁に向けて並べることに執着していた。その際、タイトルは小口〔本が開く側〕に書かれた。これは、探検家クリストファー・コロンブスの息子エルナンドがセビリアのコロンビナ図書館に導入したやり方にならったものである。

フェリペ2世の死後、図書館はいわば忘れさられたようになってしまう。ヒエロニムス会修道士たちは、自分たちのなかからギリシア語を読むことのできる司書を出すことさえできなくなった。1671年に火災が起きたとき、修道士たちは貴重な本を救おうと、それらを窓から外に投げた。窓から飛び降りることを拒んだ人びとは、不幸にも、すでに火がついていたために放置されたオスマン帝国の旗によって焼きつくされた。その旗は、レパントの海戦でオスマン帝国軍に勝利したスペイン軍がもちかえったものである。スペイン・ブルボン朝最初の国王であるフェリペ5世は、マドリードに国立図書館の建設を決め、エル・エスコリアル修道院図書館での蔵書の購入を完全に終了した。ナポレオンの兄ジョゼフ・ボナパルトひきいるフランス軍が修道院を略奪したあと、修道院図書館の本はマドリードに移される。1885年に図書館の管理をするようになったアウグスティヌス会は、蔵書を整理して、本格的な目録の作成を開始した。

エル・エスコリアル修道院は歴史の波に翻弄された時代をへて、ルネサンスに生きた人びとの大きな関心事を知らしめ、絶頂期の神聖ローマ帝国の文化を見せ、スペイン黄金時代の輝きをいまに伝えている。

188ページ／フアン・カレーニョ・デ・ミランダ(1614〜85年)が描いた、未来のスペイン王カルロス2世の14歳のときの肖像画。以前はここにベラスケスが制作したスペイン王フェリペ4世の肖像画が飾られていたが、ナポレオン軍に奪われた(現在、ロンドンのナショナル・ギャラリーにある)

右／イタリア・ボローニャの画家ペッレグリーノ・ティバルディ(1527〜96年)が描いたギリシアの詩人ホメロス。

ティバルディによる側面のフレスコ画は、自由七科（リベラル・アーツ）の寓意と結びついた歴史的な逸話を描いたものである。たとえばここでは、前212年にシチリア島のシラクサがローマ軍に占領されたときに殺された、古代ギリシアの科学者アルキメデスが題材となっている。

左／大広間。家具は、20世紀中ごろまでつづいたスペインを代表する建築様式をつくった建築家のひとり、フアン・デ・エレラ（1530～97年）が設計した。

写本の部屋の窓枠の側面に飾られているのは、フェリペ2世の司書で、大広間の図像プランの責任者だったホセ・デ・シグエンサ神父の肖像画である。この肖像画は、1602年にバルトロメオ・カルドゥーチョが描いた作品とされている。

右／フェリペ2世の命令によって、太陽の光から装丁を守るために、貴重な本は壁に背を向けて並べられた（現在も、そのように並べられている）。タイトルは、小口〔本が開く側〕に書かれた。

BIBLIOTHÈQUE
DU PALAIS NATIONAL DE MAFRA

マフラ国立宮殿図書館

PORTUGAL, MAFRA
ポルトガル
マフラ

PORTUGAL, MAFRA

ポルトガル マフラ

18 世紀に建てられたマフラ宮殿図書館の運命は、この図書館が入っている修道院と宮殿を兼ねた奇妙な建物の運命、そしてポルトガルの波乱に満ちた歴史と緊密に結びついている。事実、この建物が建設されたとき、この国を支配していたブラガンサ王朝は自覚したくなかったかもしれないが、ポルトガルは大きく衰退の一途をたどっていた。ポルトガル王ジョアン5世が、巨額の費用をかけて修道院を兼ねたヴェルサイユ宮殿のような豪華な建物をつくるという不可思議な決定をしたのは、メシュエン条約によってイギリスにおける工業と通商を断念することになり、アジアではオランダから追いはらわれ、遠いオーストリアの味方をする一方で隣国スペインと敵対し、国境で争う危険を冒しているときだった。もっとも、17世紀と18世紀のヨーロッパで、王や諸侯や大司教たちが、大きすぎる宮殿、夏の別荘、そのほか豪華な狩猟小屋などを無数に建てた心理をつきつめて考えるのも、それはそれでおもしろいかもしれない。たしかにポルトガルは、というよりもポルトガルの王室は依然として裕福で、ブラジルで発見された新しい金鉱のおかげで、マフラ宮殿建設のための資金はまかなえるはずだった。しかし金がなかなか到着しないようになると、大規模な工事はかなり遅れて、結局、この建物は実際には完成しなかった。ポルトガルの首都リスボンの北50キロメートルのところに位置する山中にあった工事現場の規模は、1730年にできあがったとき、5万2000人が働き、文字どおり仮設の町がつくられていたというだけでわかるだろう。工事が終わったときに開かれた豪華な祝祭には、1週間で6万5000人以上の招待客があいついでやってきて、王室財政を逼迫させた。その上、マフラ宮殿を建てようとした時期、ジョアン5世はここから遠くない町にあるコインブラ大学を再建中だった。彼はとくに、コインブラ大学の図書館をヨーロッパ一大きなものにしようとしていた。つまり、この楽観的な、あるいは妄想気味の国王は、30キロメートルしか離れていない場所に、

ウィーンの宮廷図書館（オーストリア国立図書館）に匹敵する巨大な図書館をふたつも建てていたが、それらをつくらなければならないほど蔵書の数はなく、そもそも王国の未来には暗雲が垂れ込めていたのである。

別の話によると、マフラ宮殿の建設は、妻が後継者となる子どもを産んだら修道院を建てるとジョアン5世が神に誓ったことが発端だという。王妃は夫の望みをかなえ、国王は約束を守った。神は感動して国王に感謝したのだろう。ジョアン5世は王妃とのあいだにさらに5人の子どもをもうけ、王妃以外の女性たちも、国王の子どもをかなりたくさん産んでいる。この教訓めいた話は、おそらくあまりに大きな建物を建てた国王の野心を弁解するために、フランシスコ会修道士たちが広めたものと思われる。

ジョアン5世がマフラ宮殿の建設を決めたとき、彼が国王になってすでに10年たっていた。狩猟をするときに好んでやってきた未開の土地に、彼は当初、13人のフランシスコ会修道士のための修道院と教会を建てるつもりだった。しかし、ときがたつにつれて計画は大きくなり、修道士の数が80人になったかと思うと300人になり、ついには王族すべてと宮廷を入れる建物がつくられることになった。この「マフラの王の工事」は、ドイツの建築家ヨハン・フリードリヒ・ルートヴィヒ（公式書類ではルドヴィチ）に任された。しかし国王は彼をあまり信用していなかったのか、イタリアで図面を建築家ユヴァッラとカッレヴァリに確かめさせたようである。ユヴァッラの様式（角張った飾り気のない古典主義と全体が拡大する傾向）を、マフラ宮殿のなかに見ることができる。さまざまな修正が行なわれた結果、広さ3万7720平方メートルの修道院と宮殿を兼ねた建物のなかに、880の広間と部屋、300の修道士の個室、4500の扉と窓、154の階段、29の中庭がつくられることになった。

BIBLIOTHÈQUE DU PALAIS NATIONAL DE MAFRA

マフラ国立宮殿図書館

　北の翼の中央をしめる図書館は、教会よりも面積が広い。ウィーンの宮廷図書館のように中央に丸天井のついた巨大な部屋は、奥行き87.4メートル、幅9.5メートル、高さ13メートルを誇る。南向きの大きな窓からは光がふんだんに入るが、向かい側は鏡で閉ざされている。しかしブラジルの金鉱が枯渇し、首都リスボンが大震災に見舞われたため、内装は途中で中断した。そこで、フランシスコ会修道士たちは仮設の棚に本を並べたが、彼らが所有していた本も、1750年に亡くなった際、ジョアン5世が遺言で彼らに残した本も、それほどの数はなかった。まもなくフランシスコ会にかわって、アウグスティヌス会が図書館の管理をするようになり、建築家マヌエル・カエターノ・デ・ソウサに内装を任せることが決定された。彼は優美な曲線が特徴のロカイユに近い仰々しい装飾をほどこしたが、すでにそれは時代遅れのものだった。当時のスペイン、フランス、イギリスでは、王家の館を建設する際、「ギリシア趣味」や古典古代の影響を受けた装飾が好まれるようになっていたからである。

　1771年に、蔵書を収めるためのふたつの階が整えられ、上の階には手すりのついた重厚な回廊が設置された。1787年に、リスボン近郊の町シントラからこの図書館にふらりと立ち寄ったイギリスの裕福な耽美主義者ウィリアム・ベックフォードは、すべてが「ぎこちなく設計され、雑につくられており、回廊がゆがんだ影を落として部屋を暗くしている」といっている。モールディング〔壁面を立体的に仕上げる装飾材〕にはすべて金箔が貼られ、小窓のように枠のついた板には著名な哲学者や作家の肖像画が飾られるはずだったが、それらはひとつも実現しなかった。

　というのも、1792年にアウグスティヌス会にかわってふたたびこの図書館を管理するようになったフランシスコ会は、清貧の誓いに忠実だったため、図書館の内部を金箔で装飾することを拒んだからである。そのかわり、木工細工に白い塗料を塗ったが、それらはとき

とともに羊皮紙のような上品な色あいに変化した。本が棚に並べられたのは、1797年になってからのことである。1809年には最初の偉大な司書となったジョアン・デ・サンタ・アナ神父が手書きで目録を作成したが、それらはついに刊行されなかった。本は現在も、18世紀末に並べられたままの場所にある。その後、ポルトガルは混乱の時代に突入し、国の大地主となっていた修道会は1834年に解散させられた。誰もいなくなったマフラ宮殿は国有となり、国の施設としてふさわしい兵舎として使われるようになった。

　ジョアン5世の夢から誕生した建物のうち、修道院は空っぽの状態で残り、宮殿はほとんど誰も住まないまま現在にいたり、図書館もいまでは本を読む場所ではなくなった。蔵書は、国外のインキュナブラ〔1500年以前の活版印刷本〕22冊と、印刷本4万冊からなる。その多くが、16世紀、17世紀、18世紀の、神学、教会法、教会史、文学、地理学、哲学、法学をあつかったものである。

　フランシスコ会が守っている清貧の誓いは、この図書館に思いがけない装飾的な効果をもたらした。羊皮紙色の木工細工から、革の装丁に熱した鉄で押された金色のタイトルや紋章、あるいは、太陽の光があたらないよう背を壁に向けて並べられたとくに貴重な本のきらめく小口が浮かびあがっている。室内を照らす光は、貴族たちが長いあいだぼんやりした夢想にふけっていたこの奇妙な国に似て、驚くほど非現実的で詩的である。日が暮れると、ずっと以前から回廊の片隅をすみかにしている頭部が白いコウモリが姿をあらわす。このコウモリたちは、マフラの守護者である。こもったような翼の音を立てながら、彼らはバロック様式の所有地を飛びまわり、忘れられた「愛書家たち」の宝物を食い荒らす虫たちを捕まえている。

201

修道院と宮殿を兼ねたこの建物の図書館は、ウィーンの宮廷図書館(オーストリア国立図書館)から着想を得て設計された。中央の丸天井の下でふたつの翼がつながっている大広間は、奥行きが87.4メートルある。

右／丸天井の下、5000枚の大理石タイルが敷きつめられた床から、当初予定されていた装飾の豪華さの一端をかいま見ることができる。

この空間に、当初予定されていた豪華な装飾がほどこされることはなかった。工事は20年遅れたが、結果的に時代の流れにそくした装飾に落ちついた。1792年にアウグスティヌス会にかわってふたたびこの図書館を管理するようになったフランシスコ会は、清貧の誓いに忠実だったため、木工細工に白い塗料を塗るだけで終わらせた。上の階の棚をつないでいる回廊は、長さが約300メートルある。

THE ATHENAEUM

ボストン・アシニアム

ÉTATS-UNIS, BOSTON

アメリカ合衆国
ボストン

ÉTATS-UNIS, BOSTON

アメリカ合衆国 ボストン

19 世紀初頭のボストンは、依然としてきわめてヨーロッパふうの都市で、北アメリカの文化の中心地だった。1630年代にジョン・ウィンスロップの指導下でイギリスのピューリタン〔イギリス国教会の改革をとなえたプロテスタントの一派〕のグループによってこの地につくられた植民地は、イングランド王ジェームズ1世の勅許によって設立されたマサチューセッツ湾会社に属していた。この植民地は、政府、商業、宗教が密接に混ざりあいながら、少しずつ社会の形をとっていった。開拓者たちにとって大きな気がかりのひとつだったのが、教育である。彼らは自分たちの生まれそだった国、通った学校や大学から遠く離れた状態であることを自覚していた。そのため、早くも1637年に、川を挟んでボストンの対岸に位置するケンブリッジに神学校をつくっている。これが、のちのハーバード大学である。商業収入のほかに、黒人奴隷や小作農によって開拓された土地からの収入もあったこの地域の裕福な中産階級は、またたくまに貴族のような地位を得た。その結果、ジョン・ウィンスロップとともにアーベラ号でやってきた最初の入植者たちの子孫にあたるいくつかの大きな一族は、19世紀以降「ブラーミン」と名づけられた特権階級を形成する。1805年に、そのうちの数人が「アンソロジー・ソサエティ」というクラブをつくり、ふたつの雑誌を発行した。そして1807年には、ギリシア神話の知恵の女神アテナの名前を借りたアシニアムという施設の設立を決定する。彼らは、「公共図書館の長所をすべてもち、ありとあらゆる言語の教育と学問関係の重要な作品を所蔵する、イギリスのリヴァプールにあるアシニアムとライシアムに似た施設」を望んでいた。この種の野心的な計画は、アメリカではじめてのものだった。

この施設が置かれる場所は、ボストンの歴史的中心地区である「聖なる」丘のビーコンヒル以外に考えられなかった。そういうわけで、さっそく1807年に、ビーコンヒルにアシニアムがつくられた。しか

しすぐにそこを引き払い、同じ地区のなかで4回違うところに移動したあと、1847年に独自の建物を建てることが決定された。設計を任されたのは、エドワード・クラーク・キャボットである。ボストンの名家に連なる彼は、ニューイングランド〔ボストンのあるマサチューセッツ州を含む地域〕の上流社会で人気の建築家だった。彼が設計した大きな新古典主義の建物は、1階に彫刻陳列室、2階に図書館、3階に絵画展示室が割りあてられた。最近改修された大閲覧室は、当時のアメリカでもてはやされていた様式で装飾されている。それらは古典主義的で、簡素で、半手工業的な手法を用いているためにくりかえしが多く、単調な部分もあるが、全体としてはきわめて優雅である。部屋は中央の細長い部分の両側にたくさんのアルコーブ〔壁面の一部につくったくぼみ状の空間〕がついた形になっており、ほとんど地面まで開いた大きな窓から光が入ってくる。上部をめぐる回廊は、アルコーブを形成している仕切り壁がわりの書棚を独創的で複雑な方法でつないでいる。高価な敷物、暖炉、マホガニーの立派な家具のほかに目だつ装飾に、緑色に塗られた格子状の手すりがある。この手すりのデザインはアメリカの雑誌「ハウス&ガーデン」ふうの軽やかな雰囲気をもたらしているが、これはヨーロッパの図書館ではめったに見ることができないものだろう。読書環境は良好で、見学やパーティーなどの催しがあるときをのぞいて静寂が支配し、まるでロンドンのクラブを思わせるが、実際それに近い。アシニアムは、当初から1049株を共有しているメンバー、年会費を払っている「ジュニア」メンバー、特別に許可された大学人と研究者だけが利用できる。50万冊以上ある図書館の蔵書は、ボストンとニューイングランドの歴史、伝記、イギリス文学とアメリカ文学、美術を中心に少しずつ集められた。南北戦争後、南部へ調査団を派遣したときに収集された南部連合〔南北戦争時にアメリカ合衆国から脱退した南部の州がつくった国家〕に関する資料の数に関しては、アメリカ屈指であ

THE ATHENAEUM
ボストン・アシニアム

る。そのほかにも、見事な所蔵品は多い。なかでも、アメリカ合衆国初代大統領ジョージ・ワシントンの蔵書は突出している。これは彼の死後、大英博物館のためにスティーヴンス夫人という女性が購入したが、それを募金によってアシニアムが買いとったものである。また、イングランド王と共同統治者の女王から1698年に植民地に贈られた17世紀の宗教書がそろったキングス・チャペル・コレクションも、誇るべき蔵書といえるだろう。さらに、ニューイングランドの歴史と南北戦争に関する版画や写真のすばらしいコレクションもある。そのなかには、300枚以上のダゲレオタイプ（銀板写真）と3000枚以上の昔の焼き付け写真、探検家で民族学者のヘンリー・ロウ・スクールクラフトが19世紀に集めたアメリカ・インディアンについての非常にめずらしい一連の作品が含まれている。19世紀には絵画と彫刻がかなり増えて、ボストン美術館のコレクションの核を形成した。ボストン美術館は創設当初アシニアムに置かれたが、1876年にコプリー・スクエアに移った。しかし現在でもアシニアムには、マザー・ブラウン、ジョン・シンガー・サージェント、チェスター・ハーディングによるすぐれた肖像画や、フランスの彫刻家ウードンによるジョージ・ワシントン、政治家のベンジャミン・フランクリン、フランスの軍人で政治家の

ラファイエットの胸像が残されている。

世界中のすべての図書館と同様に、アシニアムも定期的にスペースの問題に直面している。1913年から14年にかけて建物は全面的に改装され、さらにふたつの階が増築された。1966年には歴史的建造物に指定され、2001年と02年にはふたたび大規模な改修のために閉館し、シュワルツ／シルヴァー建築事務所によって工事が行なわれた。蔵書の保管場所を確保すること、新しい閲覧室をつくること、利用者がより快適に過ごせるようにすること、設備を新しく安全なものにすることが、このときの工事の目的だった。とくに1階は、閲覧室の静寂を乱さないよう、見学者を受けいれたり展覧会を開くために、完全につくりかえられた。

アメリカ東海岸の上流階級の聖地のひとつといえるこの洗練されたクラブは、賢明にも研究者たちに開かれ（展覧会のときには一般の人びとにも開かれる）、この地方の知的生活とアメリカの歴史の保存において重要な役割をはたしつづけている。ボストン・アシニアムは、アメリカ文化の庇護者として、きわめて古くからある傑出した存在なのである。

昔のカード目録と辞典類が置かれた部屋。

右／アシニアムでは、メンバーのために、さまざまな会合、討論会を兼ねた夕食会、公式あるいは私的なパーティー、サイン会、講演会などが積極的に行なわれている。ボストンの上流社会では、水曜日の茶会は毎週恒例の行事である。

私立図書館であるアシニアムは、かなり高額の年会費を払うか、株を所有しているメンバーだけが利用できる。大学人と研究者は、推薦状があれば蔵書の閲覧が可能である。

ボストン美術館の発祥の地であるアシニアムには、創設者たちの美的感覚を示すものが数多く残されている。存在感のある装飾品にかこまれていると、個人の邸宅にいるような気分になる。

214〜215ページ／仕切り壁がわりの書棚を配置した大閲覧室は、ダブリンのトリニティ・カレッジ図書館のようなヨーロッパの由緒ある大図書館をまねてつくられた。

BIBLIOTHÈQUE DU CONGRÈS

アメリカ議会図書館

ÉTATS-UNIS, WASHINGTON D.C.
アメリカ合衆国
ワシントンD.C.

ÉTATS-UNIS, WASHINGTON D.C.

アメリカ合衆国 ワシントンD.C.

「世界で一番広く、一番高価な、一番信頼できる図書館」「アメリカでもっとも美しい公共建築物」。1897年11月1日にアメリカ議会図書館が開館したとき、このような称賛の声があがった。楽天主義と自信に満ちあふれたアメリカ合衆国は、巨額の費用をかけて、拡大中の権力を象徴するこの途方もない建物をみずからに捧げた。しかしこの世界一大きな図書館は、第3代アメリカ合衆国大統領トーマス・ジェファーソン（1743〜1826年）の知性から生まれたものなのである。高い教養があり、アメリカ合衆国憲法の起草者のひとりでもある彼は、ベンジャミン・フランクリンの跡を継いで駐フランス大使を務めたときにパリで知った啓蒙哲学の信奉者だった。あらゆることに通じていた彼は、「どのようなテーマに関しても、議員がそれについて参照することのできる機会がない」ため、あらゆる分野の知識をあつかう図書館がワシントンには必要だと考えていた。彼は民主主義と知識は直接関係があり、アメリカの政治が進歩するためには議会図書館がなくてはならないと信じていたのだった。

　アメリカ議会図書館は、国立図書館でもある議会図書館として、世界でも比類のない存在である。議会という名称がつき、議会に属する機関として活動しているが、非常にさまざまな役割をはたしている。つまり、アメリカ合衆国議会（上院および下院）の議員たちのための図書館、国内で刊行されたあらゆる媒体のすべての出版物を法定納本する場所、研究センター、閣僚や政府機関の職員たちがひんぱんに使う政府図書館、地図・印刷されたり録音された音楽作品・映画やテレビ番組の所蔵に関して世界最大の図書館、そして、すべての人に開かれた公共図書館なのである。議会図書館は、国家の繁栄と同じ速度で発展した。そのためにおそらく、この図書館はこの上なく崇拝され、大勢の人びとが訪れる記念建造物のひとつになっていると思われる。1800年に、第2代大統領ジョン・アダムズ

によって設立された直後、この図書館にはロンドンで購入された740冊の本と3枚の地図が収められていた。第3代大統領に選ばれたトーマス・ジェファーソンは、多くの本を図書館のために買ったが、それらは1814年にほとんどすべて失われた。この年、コックバーン提督ひきいるイギリス軍が、当時そこに置かれていた議会図書館の本に火をつけて、アメリカ合衆国議会議事堂を焼きはらうという悲惨な出来事が起きたからである。イギリス軍が永久に去ったあと、議会は早急にコレクションをつくりなおし、1815年には、借金のあったジェファーソンから彼の個人的な蔵書6487冊（これは当時のアメリカでもっとも数が多かった）を2万3940ドルで買いとった。

　ジェファーソンから買いとった本は、このあと議会図書館がそうなっていくべき姿をあらわしていた。つまり、アメリカの立法府の役に立つ本がすべてそろっていたのである。そのなかには、英語、フランス語、ラテン語、ギリシア語、スペイン語、ドイツ語、そしてロシア語の、法律、経済、地理、歴史、文学、芸術に関する書物が含まれていた。

　1897年の時点で、地図、楽譜、版画、そのほかさまざまな歴史的文書をのぞいて、84万冊の蔵書があった。これよりはるか以前から、本は議事堂の西の翼に無秩序に置かれていた。その後、1870年に法定納本図書館になると、状況は日に日に悪化した。そこで新しい建物を建設するために、1873年に建築コンペが行なわれたのである。その結果、1886年に、この種の大きなプロジェクトではよくあることだが、激しい議論の末、数多くの応募作品から、ワシントンの建築家ジョン・L・スミスメイヤーとポール・J・ペルツの図面が採用された。建物の様式は、「イタリア・ルネサンス」と呼ばれていたものだが、実際には威厳に満ちたボザール様式〔ヨーロッパの古典主義をアメリカの建築物にふさわしい様式にしたもの〕だった。建設にあたったのは、陸軍工兵隊将校トマス・リンカーン・ケーシーと、彼の助手で1914年に最終的に建物が完成するまで工事を監督したバーナー

218

BIBLIOTHÈQUE DU CONGRÈS
アメリカ議会図書館

ド・グリーンである。図面を引いたスミスメイヤーとペルツは早い段階でメンバーから外され、そのかわりにトマス・リンカーン・ケーシーの息子エドワード・ピアース・ケーシーがおもに内装を手がけた。

堂々たる厳格な正面（ファサード）の奥では、1997年の修復時に設置された洗練された照明によって、この上なく豪華な装飾が美しく輝いている。とくに「グレート・ホール」の装飾様式と奥行きのある光景は、シャルル・ガルニエが設計したパリのオペラ座、あるいはウィーンの美術史美術館の階段から着想を得たものと思われるが、実際にこの場所をつくりあげたのは、アメリカの企業と芸術家と職人たちである。50人以上の大理石工、彫刻家、寄せ木細工職人、フレスコ画家、画家、スタッコ（化粧漆喰）職人、ブロンズ職人が、この仕事にたずさわった。過去の建築物があっというまにとりこわされることが一般的であるこの国で、議会図書館は、19世紀末にアメリカが到達したすぐれた技術の証拠を現在まで見せつづけている。古代エジプト以来の知識の歴史と普遍性を軸に展開された図像プランは、あらゆる時代の偉大な文学者たち、数々の美徳、芸術、科学、大陸などを、当時のさまざまな様式で表現したり、象徴したものである。装飾を手がけた芸術家たち（オーリン・L・ワーナー、ハーバート・アダムズ、チャールズ・スプレイグ・ピアース、ジョン・ホワイト・アレクサンダー、エリュー・ヴェッダー、エドウィン・ブラッシュフィールド、チャールズ・H・ニーハウス）は、その多くがヨーロッパで教育を受けたり、ヨーロッパの影響を受けている。彼らの名声はアメリカ大陸のなかにとどまっているが、いずれはそれぞれの独創性が広く世界で知られるようになるだろう。

この「アメリカの勝利」様式は、3ヵ所で顕著に見られる。「グレート・ホール」と見事な動きが感じられる大理石の階段、議員用の広々

とした豪華な閲覧室である「メンバーズ・ルーム」、明かり窓がつき、偉大な文明の数々をテーマにしたフレスコ画で飾られた高い丸天井の下にある円形の中央閲覧室である。

議会図書館は現在、それぞれ近くにある3つの建物にわかれている。歴史的に重要な本館であるトーマス・ジェファーソン・ビルディング（1897年）、アール・デコ〔1910年代から30年代にフランスを中心にヨーロッパで流行した様式〕から着想を得た様式で建てられ、1938年12月に開館したジョン・アダムズ・ビルディング、1981年にレーガン大統領が開館式を行なったジェームズ・マディソン・メモリアル・ビルディングである。これらの巨大な3つの建物のほかに、ワシントンとその近郊にさまざまな別館や特別保存室が存在する。世界中の同じような図書館と同様に、議会図書館をしつこく悩ませているのはスペースの問題である。この図書館は現在、1700万冊以上の本、9500万点近い地図、写本、写真、映画、音声資料、映像資料、版画、デッサン、そのほかのコレクションを所有し、460言語のものをあつかっている。また、毎日2万点の新しい資料が法定納本され、1万5000におよぶ外国の図書館との交換契約の一環で数百点の作品が届く状況にある。

議会図書館の蔵書は、その規模の点でどの図書館よりも突出している。歴史的なコレクションや王室コレクションを受けついでいないので、蔵書全体の数とくらべて、写本や古い書物はかなり少ない。しかし装飾写本もいくつか存在し、ローマの哲学者ボエティウスが書いた『哲学の慰め』、3冊の見事なグーテンベルク聖書、イタリアの地理学者コロネリの地球儀、10世紀の中国の巻物、日本の浮世絵、世界でもっとも古い時代に印刷された文書のひとつ、770年の仏教「経典」の一節は、とくに高い博物館的価値をもつ。一方、19世紀と20世紀に世界中で書かれ、考えられ、交換され、発見され

219

ÉTATS-UNIS, WASHINGTON D.C.

アメリカ合衆国 ワシントン D.C.

たすべてのものは学術的に保管され、簡単にアクセスできる状態に
なっている。世界中から研究者たちがこの図書館の目録を利用した
り、蔵書を閲覧しにやってくる。ほんの一例だが、最近の検索でわ
かったことは、議会図書館は、ほとんど知られていないフランスの偉
大な建築家トニー・ガルニエに関する作品をフランス国立図書館より
も多く所蔵しているということである。また、とくに音楽分野の資料の
豊かさは比類がない。たとえば、アメリカの作曲家ガーシュウィンに
関していえば、豊富な文書類のほかに、創作時から現在にいたるま
での彼の作品のさまざまな録音資料もある。

設立当初から、議会図書館はみずからをとりまく世界がしだいに
スピードを増して変化していく様子をつぶさに見ていた。そして、写
真から蓄音機やコンピュータにいたるまで、新しい技術が登場するた
び、即座にそれに対応したのである。普遍的な知識をあつかう議会
図書館は、口先だけではなく、その野心においても、購入方針におい
ても、組織においても、民衆への配慮においても、第3代アメリカ合
衆国大統領トーマス・ジェファーソンがいった次の言葉に忠実であり
つづけている。「民衆を教育せよ。そうすれば、新しい一日の夜明け
に悪霊が姿を消すように、肉体と精神の横暴と抑圧は消え去る」

216ページ／ファースト・ストリートとセカンド・ストリートに面するトーマス・ジェファーソン・ビルディングには、このブロンズ製
の二重扉から入ることができる。この扉にリー・ローリーがほどこした彫刻は、言葉の歴史をテーマにしたものである。

右／この図書館の見せ場というべき「グレート・ホール」の階段は、パリのオペラ座とウィーンの美術史美術館の階段を思わ
せる。過剰なほどの象徴、寓意、引用、建築的細部からなる装飾は、普遍的な知識に対するアメリカの貢献を賛美したもの
である。

1997年に100周年をむかえた際、建物は全面的に修復された。しかし内部の設備はそのまま保たれたり再現されて、この図書館が建設された当初からもっていた上品なクラブを思わせる雰囲気に大きな変化はない。

「メンバーズ・ルーム」は議員用の閲覧室で、特別な入口から出入りする。イタリア中部シエナ産の大理石でできた暖炉の上には、「法律」を表現したヴェネツィアのモザイクが飾られている。

丸天井を飾っているのは、エドウィン・ホーランド・ブラッシュフィールドのフレスコ画『人間の知性』である。ここには、イスラムと物理学、ローマと行政、ドイツと印刷術、フランスと解放など、エジプトから科学にいたるまで、西ヨーロッパとアメリカの文明の発展に影響をあたえた国や時代を擬人化した12の絵が描かれている。

右／金色の丸天井の下にある大閲覧室は、快適な設備と、集中に適した照明を維持しつづけている。

BIBLIOTHÈQUE
PUBLIQUE DE NEW YORK

ニューヨーク
公共図書館

ÉTATS-UNIS, NEW YORK
アメリカ合衆国
ニューヨーク

ÉTATS-UNIS, NEW YORK
アメリカ合衆国 ニューヨーク

「忍耐」と「不屈の精神」は、エドワード・クラーク・ポッターがアメリカ南部テネシー産のバラ色の大理石で制作した2頭のライオンの名前である。このライオン像は、ニューヨーク公共図書館の前で利用者たちをむかえている。図書館の開館100周年に際して、「ニューヨーカー」誌の表紙には、この2頭のライオンが燕尾服にシルクハットをかぶってレッドカーペットを歩き、彼らのファンたちにあいさつをしている姿が掲載された。これはイラストレーターのたんなる空想ではなく、ヨーロッパのいくつかの図書館が誇示している偉ぶった威信の対極にある、このすばらしく相互親和的な施設の歴史と実体を表現している。実際にニューヨーク公共図書館は、知識は社会的地位をあげるための確実な手段のひとつであるというアメリカの信念が反映された、まちがいなく民主的な施設なのである。

この図書館の複雑な歴史は、そのころアメリカでもっとも裕福だったジョン・ジェイコブ・アスターが、人びとに開かれた研究図書館を建設したいと考えて、当時としては莫大な金額である40万ドルを寄贈した1848年にはじまる。ニューヨークの文化施設の発展は、アメリカ合衆国で一番の大都市として当然のなりゆきだった経済の発展に追いついておらず、中程度の図書館さえ存在しなかった。しかし結局、ラファイエット・プレイスに建てられたアスター図書館は、研究者と上流階級のための施設にとどまった。1870年に、今度は裕福な仲買人で不動産開発業者のジェームズ・レノックスが、稀覯本、写本、アメリカ史に関する記録など、自分が所有する数多くの蔵書をもとに図書館をつくることを決めた。ところが19世紀末になると、アスター図書館もレノックス図書館も、エリート主義であるという批判と、なにより資金調達の行きづまりという共通の問題に直面する。同じころ、大衆向けの本を対象とした貸出専門図書館が数多く登場し、大学がすばらしい研究図書館を整備していた。しかし、ニューヨークの町自体は、文化活動に出資する重要性をまだ理解していなかった

のである。そこに、元ニューヨーク州知事で、アメリカ合衆国大統領選挙の候補者だったサミュエル・J・ティルデンがあらわれた。彼は大規模な公共図書館をつくるために、巨額の財産を基金として残した。長い議論と法律上の複雑な交渉が行なわれたあと、ティルデン信託、アスター図書館、レノックス図書館が合併し、ニューヨーク公共図書館という名称で営利を目的としない私立図書館が誕生する。理事会は、ジョン・ショウ・ビリングス博士というすばらしい館長を見つけた。ただちに活動をはじめた彼は、熱心にコレクションをまとめ、専門スタッフを集め、目録をつくり、きわめて高い水準を誇る新しい建物の建設を開始する。

1897年に、ニューヨーク市は給水所の跡地を建設用地として提供した。ここは未来のペンシルベニア駅からすぐの便利な場所だった。意志が強く無駄を嫌う人物だったビリングスは、民衆のために機能的な建物を望んだが、町の威厳を保つことをつねに気にかけていた理事会の強い要求を受けいれて、ある程度のぜいたくは容認した。建築コンペが行なわれた結果、個人の邸宅を専門とするほとんど無名の建築事務所だったカレール&ヘイスティングス建築事務所の案が採用された。カレールもヘイスティングスもパリのエコール・デ・ボザール（国立高等美術学校）を卒業し、当時アメリカでもっとも名声の高かったマッキム・ミード&ホワイト建築事務所で働いた経験がある建築家である。ワシントンD.C.のアメリカ議会図書館で使われた2倍にあたる900万ドルが費やされた建物は、ニューヨークで一二を争う見事なものに仕上がった。工事は1902年から11年まで9年間つづいたが、1906年に屋根が設置されたあとの5年間は内装にあてられた。

ヨーロッパの古典主義と古代ローマやルネサンスを思わせる懐古趣味に満ちたこの建物は、ボザール様式と呼ぶにふさわしい様式に属している。しかし同時に、アメリカにしかない機能的な厳格さと快

BIBLIOTHÈQUE PUBLIQUE DE NEW YORK
ニューヨーク公共図書館

適さへの配慮も見られる。広い道路である5番街から隔てられた土台の上に建てられたこの図書館の裏側は、6番街沿いの小さな公園に面している。「忍耐」と「不屈の精神」が見守るなか、複数の踊り場がある階段をのぼると、大理石でできた豪華な入口ホールにいたる。そのホールにある階段は、閲覧室につながっている。メインの閲覧室である広々とした「ローズ・メイン・リーディングルーム」は、最近修復されて当時の輝きをとりもどした。交通量の多い通りから、フレスコ画が描かれた金色の天井の下で自分を待ってくれている快適なオーク材の椅子に到達するまで、喧騒に満ちたにぎやかな通りと、自分が求める本を開くという単純な行為のあいだにある道のりを、読者は儀式のように歩いていく。ニューヨーク公共図書館は本館の建設と並行して、とくに貸出用の図書館を各地域で充実させていった。1901年には、実業家でパトロンのアンドリュー・カーネギーが寄付した520万ドルをもとにつくられた39の分館を運営するようになる。こうして非常に多くの民衆に開かれたことは、象徴以上のことを意味している。それはすべての人、とくに当時アメリカにやってきた何十万人もの移民たち、その大半がニューヨークに上陸した彼らが、たやすく文化にふれることができるようにという、意志の表明なのである。

　現在、ニューヨーク公共図書館には、年間1000万人以上が訪れる。蔵書は1200万点近くあり、町の各地域に配置された85の分館で貸出と閲覧ができる。歴史的建造物に分類される5番街の本館のほかに、3つの専門図書館がある。そのひとつは映画や舞台芸術関連の図書館で、リンカーン・センターに入っている。もうひとつは、ショーンバーグ黒人文化研究センターである。最後のひとつはマディソン街にある科学・産業・ビジネス図書館で、これは昔の百貨店B.アルトマンを有名建築家グループのグワスミー・シーゲル&アソシエイツが改修した建物内につくられた。

　ニューヨーク公共図書館のコレクションは、内容も出所も媒体もきわめてバリエーションに富んでいる。例として、アメリカにもたらされた最初のグーテンベルク聖書、1920年代のSF雑誌、26言語の有名な文学作品、ウィーン分離派〔19世紀末にドイツとオーストリアで起きた芸術革新運動〕に関する図版集、アメリカ合衆国初代大統領ジョージ・ワシントンの辞任挨拶、彩色装飾がほどこされた970年のドイツ語の福音書、ロシア生まれの作家で昆虫学者ウラジーミル・ナボコフのシジミチョウ科の形態学に関する覚書、ブロードウェイ・ミュージカル『ウエスト・サイド物語』の舞台美術があげられる。20世紀以降、コレクションは驚くべき速さで集められ、現在も毎日1万点以上の新しい資料が登録されている。司書たちは、この民主的な大規模図書館の所蔵品について、まったく制限なくすべてを公開してきた。大学図書館で課せられる制約とは無縁で、しかも誰に対してもそうである。この図書館は、人間社会のありさまを示す無数の資料を保護し、伝えようとしている。そのことは、1957年にエドワード・G・フリーハファー館長が表明した言葉からもあきらかである。「われわれは、もしかしたら将来天才になるかもしれないこの奇妙な読者の役に立っている。しかも、その才能はわれわれの理解を超えているはずだ」

　ニューヨーク公共図書館は、それを生みだした都市と同様に、ユニークな存在だといえるだろう。

「ローズ・メイン・リーディングルーム」の返却カウンター。天井のひとつには雲をテーマにした絵が描かれており、閲覧者の視線を空へといざなう。右は、扉のパネル。この奇怪なモチーフからわかるように、装飾は、新古典主義、バロック様式、ルネサンス様式を折衷したものである。

右／「ローズ・メイン・リーディングルーム」の入口のひとつ。

付属の部屋にいたるまで、ぜいたくな装飾がほどこされている。豪華で機能的なアメリカの図書館の原型であるこの図書館について、当時のジャーナリストは、「ニューヨークで、中世の都市における大聖堂に匹敵するもの」と評した。

右／カレール＆ヘイスティングス建築事務所の傑作「ローズ・メイン・リーディングルーム」は、面積1300平方メートル、高さ16メートルで、700人の閲覧者を受けいれることができる。

マグロウ・ロタンダの下には、エドワード・ラニングが1938年から40年に制作した4枚のフレスコ画がある。それらは印刷の歴史をテーマにした作品で、『モーセと律法の石板』、中世の写字室、グーテンベルクによる印刷術の発明、マーゲンターラーによるライノタイプ〔鋳植機の一種〕の発明（上）が描かれている。

右／定期刊行物の閲覧室。ニューヨークでもっとも古い超高層ビルであるフラットアイアンビルディングを描いた絵画が飾られている。

BIBLIOTHÈQUE
NATIONALE DE RUSSIE

ロシア国立図書館

RUSSIE, SAINT-PÉTERSBOURG

ロシア
サンクトペテルブルク

RUSSIE, SAINT-PÉTERSBOURG

ロシア サンクトペテルブルク

「ロシア皇帝エカチェリーナ2世は、この図書館をすべての人に開かれた本の保管所にすることを決定し、同年、1795年に、首都にかつての宮廷建築家ソコローフ氏の図面にもとづく比類なき壮麗な建物の建設を命じ、ただちにそれは実行に移された」。このように、大規模な帝国図書館の建設が公式に発表された20年後に、この図書館は開館する。フランスから入ってきた教育に関する思想に感化されていたエカチェリーナ2世は、「教養のある貴族たち」によるインテリゲンチャ（知識階級）をつくりたいと考えていた。そのために彼女は、ずっと以前から、そのときまでロシアには事実上存在しなかった図書館を開く計画をあたためていたのである。ヨーロッパの王室図書館の大半とは異なり、彼女が望んでいたのは、「教育の光をロシアの国民にもたらす」ために広く一般に開かれた図書館だった。しかし彼女が期待したほど、ことはそう簡単には運ばなかった。1796年にエカチェリーナ2世の跡を継いだパーヴェル1世は、教育に対する関心をそれほどもっていなかったため、計画が再始動したのは、1800年にアレクサンドル・ストロガノフ伯爵が帝国図書館の館長に任命されてからのことである。長年フランスで生活していたストロガノフは、大金持ちのパトロンで、美しい本の愛好家だった。彼は、「民衆が使うための」大規模な帝国図書館になるべき施設について、きわめてはっきりとした未来図を描いていた。暗殺されたパーヴェル1世の跡を継いだアレクサンドル1世は、より近代的な考えをもっていたことから、ストロガノフに大量の蔵書をゆだねた。その中心をしめていたのは、かつてパリに駐在していたロシアの外交官ピョートル・ドゥブロフスキーのコレクションである。彼はフランス革命の時代に、パリの修道院で差し押さえられたり盗まれた本を数多く購入していた。しかし、図書館の建物は依然としてできていなかった。1808年にストロガノフは、ロシアの本をあつかう部門をつくるために、稀覯本収集に関する文化に詳しいロシアの伝説的な人物で

あるアレクセイ・オレニンを雇う。それまで図書館では西ヨーロッパ文化に関する本を中心に購入していたため、これは非常に画期的な出来事だった。また法定納本図書館となり、帝国内で印刷された本はすべてこの図書館に収められるようになると、ものすごい数の本が殺到したことから、計画の規模が拡大された。そのうちに、フランス軍がサンクトペテルブルクにせまったため、すべての貴重な本は遠くの場所に移され、図書館が公式に開館した1814年1月14日まで戻ってこなかった。

ネフスキー大通りとサドヴァヤ通りの角に建つ図書館は、彫刻が乗った6本の柱で支えられた四分円の列柱廊をもつ新古典主義の美しい館である。建築家ソコローフによって設計されたこの建物は、ロシア皇帝ピョートル1世が命じたサンクトペテルブルクの都市計画を完全に尊重し、エカチェリーナ2世と彼女の後継者たちが好んだ冷ややかで上品な様式を反映している。正面はくりかえしが多く水平に広がり、装飾部分は古代に着想を得て、全体の表現からは権力の偉大さと畏怖の念がはっきりと感じられる。内装の様式も同じく新古典主義だが、かなり地味で、とくに豪華な部分はない。3つの空間だけが、それぞれ異なる時期に特別な部屋に仕立てられた。そのひとつは円形の広間で、現在は雑多な家具類と価値のない照明器具がつめこまれている。もうひとつは、スラヴ人〔東ヨーロッパに居住するスラヴ語派の言語を話す人びと〕の文様から着想を得た白樺細工が美しい写真部門である。最後のひとつは瀟洒なネオ・ゴシック様式でつくられた「ファウストの間」で、ここには約6000冊のインキュナブラ〔1500年以前の活版印刷本〕が収められている。

図書館の建物ができてからの歴史もかなり複雑で、そこには19世紀のロシア社会とインテリゲンチャをゆるがせた緊張が映しだされている。華々しく開館してまもなく停滞期に入ったが、その後1828年か

BIBLIOTHÈQUE NATIONALE DE RUSSIE
ロシア国立図書館

ら34年にかけて建築家カルロ・ロッシが手がけた建物、ソコローフが完成させた最初の建物とつながるように建設された1861年の大きな建物、19世紀末から20世紀初頭にヴォロチロフがつくった建物によって大幅に拡張された。1840年ころには、大勢の利用者が、まるで「カオス」のような館内の混沌とした状態に不満をもっていた。ドイツの作家J・G・コールは、1842年にこう書いている。「本に近づくことは（略）ここではほとんど不可能だ。並んでいるところは見えるのだが」。開館時間は非常に短く、閉館日は数えられないほどあり、閲覧規則も細かすぎた。きちんとした身なりをしていない人は入館を拒否され、一部の特権階級の人しか本を読むことができない時代もあった。1849年にモデスト・コルフが館長になってはじめて、学生や若者たちにも完全に門戸が開かれ、正真正銘の公共図書館になったのである。

　1917年に起きたロシア革命によって、スタッフの地位や採用過程には当然のことながら変化があった。司書の多くが亡命したため、資格のない労働者が彼らのかわりを務めた。購入する本は減ったが、その一方で、役所、修道院、教会、神学校から押収された本が殺到し、その後はマルクス主義者や共産主義者たちの著作が増えていった。1920年代なかごろには禁書を収めるための特別な部門ができ（1935年から38年までで4万9000冊）、一般閲覧室と研究や調査のための部屋がわけられた。39の閲覧室は、社会経済学、文学と芸術、自然科学と医学、物理学と数学、化学と技術に特化されたが、それは現在までつづいている。

　サンクトペテルブルクのロシア国立図書館（モスクワにもロシア国立図書館がある）の蔵書は驚異的な数で、3200万冊以上ある。とくに18世紀の作品が多く（そのなかには、エカチェリーナ2世が購入したフランスの哲学者ヴォルテールの蔵書がある）、16世紀のキリル文字〔おもにスラヴ語派の言語を表記する際に用いられる文字〕で印刷された現在知られている本のうち3分の2も所有している。また、有名な『オストロミール福音書』（1056年）をはじめとする4万冊の写本と、ロシアの誕生や東方正教会に関する数えきれないほどの資料もある。「ロシアの文化遺産」部門には、1917年以前に刊行されたロシアに関する作品の大半が収められている。書籍、ポスター、チラシ、映画、写真からなる、ロシア革命と共産主義に関するコレクションも、国の重要な宝である。

　共産主義体制の崩壊後に教育構造が大きく変わったことは、ロシアの図書館ネットワークにも影響をあたえた。1万5000館の図書館の大半が再編成され、一部は民営化されたのである。エカチェリーナ2世がサンクトペテルブルクに創設した図書館は、共産主義体制下では「労働赤旗勲章を授与されたサルトゥイコフ＝シチェドリン国家公共図書館」と呼ばれていたが、1992年にロシア国立図書館と名称を変え、1998年にはモスクワ大通りに新館が開館した。しかし設備がとぼしく時代遅れだったため、図書館の機能に対する信頼は失われた。それでも法定納本のおかげで蔵書は増えつづけ、3200万点以上になっている。来館者も少しずつ増えており、偉大なる女帝エカチェリーナ2世とその後継者たち、つまりロシア皇帝や共産党の書記長たちが望んだ大勢の人に知識を広めるという目的をはたしたことはまちがいないだろう。彼らの図書館は、世界の5大図書館のひとつになったからである。

左／ネオ・ゴシック様式でつくられた「ファウストの間」にある司書の机。

設備そのものや、ときにはそれらがつめこまれている様子に、エカチェリーナ2世が創設した図書館が経験した激動の時代の痕跡を見ることができる。

歴史主義的な「スラヴ」様式の木工細工で飾られた写本部門の展示室。

右／ロシア国立図書館には、エカチェリーナ2世が彼の死後に購入した、フランスの哲学者ヴォルテールの蔵書（6814冊）が収められている。

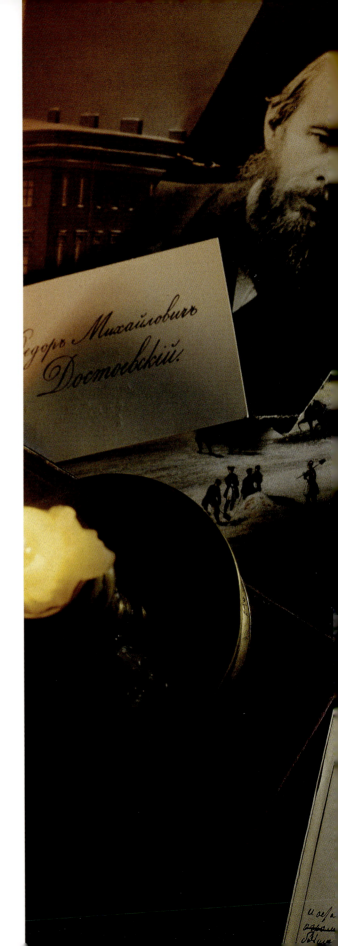

音楽部門は、30万点以上の楽譜と3万2000点の録音資料を所蔵する。これは、ロシアの作曲家リムスキー=コルサコフの楽譜と肖像画。19世紀末のロシア音楽の「黄金時代」に関する非常に豊富な資料の一部である。
右／ロシアの作家ドストエフスキーの日記の1ページ（1880年）

参考文献

BASBANES (Nicholas A.), *Patience and Fortitude*, New York, Harper Collins, 2001.

BAZZONI (Ennio), BIFFONI (Monica), NERI (Sabina), dir., *Biblioteche Riccardiana e Moreniana in Palazzo Medici-Riccardi, Fiesole*, Nardini Editore, 1998.

BECK (James H.), *La Peinture de la Renaissance italienne*, Cologne, Könemann, 1999.

BETHOUART (Antoine), *Le Prince Eugène de Savoie, soldat, diplomate et mécène*, Paris, Perrin, 1975.

COLE (John Y.), *Jefferson's Legacy, Washington*, Library of Congress, 2003.

DAIN (Phyllis), *The New York Public Library, a Universe of Knowledge*, New York, The New York Public Library, 2000.

DREXLER (Arthur), dir., *The Architecture of the École des Beaux- Arts*, New York, The Museum of Modern Art, 1977.

DUPRONT (Alphonse), *Genèses des Temps modernes : Rome, les réformes et le nouveau monde*, Paris, Gallimard-Le Seuil, coll. « Hautes études », 2002.

Ein Weltgebaüde der Gedanken, ouvrage collectif sur la Bibliothèque nationale d'Autriche, Graz, Akademische Druck-u. Verlagsanstalt, 1987.

FOX (Peter), dir., *Treasures of the Library, Trinity College Dublin*, Dublin, Royal Irish Academy, 1986.

GAMA (Luis Filipe, marques DA), *Palàcio Nacional de Mafra*, Lisbonne-Mafra, Éditions ELO, 1992.

GURRIERI (Francesco), FABBRI (Patrizia), *Palazzi di Firenze*, Venise, Arsenale Editrice, 1995.

HOBSON (Anthony), *Grandes Bibliothèques*, Paris, Stock, 1971.

KINANE (Vincent) et WALSH (Anne), dir., *Essays on the History of Trinity College Library*, Dublin, Four Court Press, 2000.

MARES (Antoine), *L'Institut de France, le parlement des savants*, Paris, Gallimard, coll. « Découvertes », 1995.

MASSON (André), *Le Décor des bibliothèques du Moyen Âge à la Révolution*, Genève-Paris, Librairie Droz, 1972.

MCKITTERICK (David), *The Making of the Wren Library*, Cambridge (G.-B.), Cambridge University Press, 1995.

MÜNTZ (Eugène) et FABRE (Paul), *La Bibliothèque du Vatican au XVe siècle*, Paris, E. Thouin Éditeur, 1887.

PALLIER (Denis), *Les Bibliothèques*, Paris, PUF, coll. « Que sais-je ? », 2002, 10e éd.

Patrimoine des bibliothèques de France/Île-de-France, ouvrage collectif, Paris, Payot, 1995.

STAIKOS (Konstantinos Sp.), *The Great Libraries, from Antiquity to the Renaissance*, Londres, Oak Knoll Press & The British Library, 2000.

STUMMENVOLL (Josef), *Geschichte der Österreisschischen National Bibliothek*, Vienne, Georg Prachner Verlag, 1968.

The National Library of Russia 1795-1995, ouvrage collectif, Saint-Pétersbourg, Liki Rossii, 1995.

TYACK (Geoffrey), *The Bodleian Library*, Oxford, University of Oxford, 2000.

VERGNE (Frédéric), *La Bibliothèque du Prince*, Paris, Éditions Editerra, 1995.

WATKIN (David), *English Architecture*, Londres, Thames and Hudson, 1979.

[写真] ギヨーム・ド・ロビエ GUILLAUME DE LAUBIER

フランスの建築写真家。25年以上にわたって『エル・デコ』『アーキテクチャル・ダイジェスト』『フィガロ』などの建築雑誌やインテリア誌、ライフスタイル誌でキャリアを重ねる。近年は書籍を中心に活躍。パリ・オペラ座をはじめ世界の歌劇場を紹介する『Les Plus Beaux Opéras du monde（世界の美しいオペラハウス）』や、23の独創的なテーブルセットを撮影した『À la table des designers（デザイナーの食卓）』などがある。

[著者] ジャック・ボセ JACQUES BOSSER

作家、ジャーナリスト、翻訳家。建築やデザインをテーマに執筆。多くの建築雑誌や美術雑誌に寄稿するほか、現代アートやジュエリー関連書の制作にも関わる。

[訳者] 遠藤ゆかり

上智大学文学部フランス文学科卒。訳書に「知の再発見双書」シリーズ、『シュルレアリスム辞典』（いずれも創元社）、『フランスの歴史［近現代史］』（明石書店）などがある。

世界図書館遺産
──壮麗なるクラシックライブラリー23選

2018年5月20日　第1版第1刷発行

写　真　ギヨーム・ド・ロビエ
著　者　ジャック・ボセ
訳　者　遠藤ゆかり
発行者　矢部敬一
発行所　株式会社 創元社
　　　　http://www.sogensha.co.jp/
　　　　[本社]　〒541-0047 大阪市中央区淡路町4-3-6
　　　　　　　　Tel.06-6231-9010 Fax.06-6233-3111
　　　　[東京支店]〒101-0051 東京都千代田区神田神保町1-2 田辺ビル
　　　　　　　　Tel.03-6811-0662

組版・装丁　NILSON design studio（望月昭秀、木村由香利）

© 2018, Printed in Japan
ISBN978-4-422-31107-4 C0036

本書を無断で複写・複製することを禁じます。
落丁・乱丁のときはお取り替えいたします。

JCOPY〈出版者著作権管理機構　委託出版物〉
本書の無断複写は著作権法上での例外を除き禁じられています。
複写される場合は、そのつど事前に、出版者著作権管理機構
（電話 03-3513-6969、FAX 03-3513-6979、e-mail: info@jcopy.or.jp）
の許諾を得てください。